实用近距离擒敌格斗

主　编：牛海军
副主编：王百万　李建华
编　者：伍贤雄　饶　芳
　　　　王厚超
插　图：伍贤雄

国防科技大学出版社
·长沙·

图书在版编目（CIP）数据

实用近距离擒敌格斗/牛海军主编. —长沙：国防科技大学出版社，2021.7
（2022.12重印）
ISBN 978-7-5673-0566-3

Ⅰ.①实… Ⅱ.①牛… Ⅲ.①擒拿方法（体育） Ⅳ.①G852.4

中国版本图书馆 CIP 数据核字（2021）第 131464 号

实用近距离擒敌格斗

牛海军　主编

国防科技大学出版社出版发行
电话：(0731) 87027729　邮政编码：410073
责任编辑：魏云江　责任校对：何咏梅
新华书店总店北京发行所经销
国防科技大学印刷厂印装

*

开本：710×1000　1/16　印张：10.5　字数：194 千字
2021 年 7 月第 1 版 2022 年 12 月第 3 次印刷　印数：1501－3500 册
ISBN 978-7-5673-0566-3
定价：36.00 元

前　言

近距离擒敌格斗，是人与人之间徒手或持器械进行的激烈对抗。从概念上看，对抗是擒敌格斗的本质属性。真实的格斗能力不是表演能力，而是在激烈对抗的情况下，能够自如地运用各种格斗技术进行攻防的能力。著名武术技击家李小龙曾说过："未经过搏击训练的习武者，就好像一位未下过水的陆上习泳者。"这已经成为练习格斗必须要进行对抗性训练的一个经典比喻。它深刻地说明，格斗技术的掌握和格斗技术的实际运用完全是两码事。即使掌握了技术，并不意味着在实战中会运用。因此，连接"练"与"用"，使它们融贯一体的桥梁在于实践。只有通过实践，即对抗性的训练和比赛，使技术实战化，才能够获得真实的格斗能力。

《实用近距离擒敌格斗》一书是编者根据多年的教学和训练实践经验编写而成的。书中详细讲解了擒敌格斗技术革新的训练方法、与敌格斗时如何运用身体作为武器快速制服敌人的方法，以及格斗训练防护等内容。本书主要针对以往套路动作过多、难以适应未来实战发展需要的问题，围绕简单易学、实用性强的特点编写，并突出了对抗组合技术的实战运用，可供练习擒敌格斗的专业人员以及爱好者学习、训练使用，对擒敌格斗技术教学、训练有一定的参考价值。

全书共分五个章节：第一章为徒手格斗技术，由王百万、李建华编写；第二章为女子防身术，由饶芳、伍贤雄编写；第三章为飞刀技术，由牛海军、李建华编写；第四章为双节棍实用棍术，由牛海军、王厚超编写；第五章为格斗训练防护，由李建华、伍贤雄编写。由于水平所限，书中不妥之处在所难免，敬请广大读者批评指正。

编　者
2021 年 6 月

目　录

第一章　徒手格斗技术 ……………………………………（１）

　第一节　徒手格斗技术的特点 ………………………………（１）

　第二节　徒手擒敌技术 ………………………………………（４）

　第三节　徒手夺器械擒敌技术 ………………………………（９）

　第四节　格斗技术教学原则和方法 …………………………（１３）

　第五节　格斗技术教学过程 …………………………………（２８）

　第六节　考评方法与考评标准 ………………………………（３７）

第二章　女子防身术 …………………………………………（３９）

　第一节　女子防身术基本功训练 ……………………………（３９）

　第二节　女子防身术的基本战术 ……………………………（５４）

　第三节　女子防身术的教学训练 ……………………………（５８）

第三章　飞刀技术 ……………………………………………（６２）

　第一节　飞刀技术概述 ………………………………………（６２）

　第二节　飞刀技术训练原则及训练步骤 ……………………（６３）

　第三节　飞刀的选择与刀靶的制作 …………………………（６５）

　第四节　人体要害部位 ………………………………………（６８）

　第五节　飞刀技术 ……………………………………………（７２）

　第六节　飞刀技术的训练 ……………………………………（７８）

第七节　实战运用 …………………………………………（88）
　　第八节　刀的保养 …………………………………………（90）

第四章　双节棍实用棍术 ………………………………………（92）
　　第一节　双节棍基础知识 …………………………………（92）
　　第二节　双节棍基本击法 …………………………………（98）
　　第三节　实用棍操一套 ……………………………………（112）
　　第四节　实用双节棍术 ……………………………………（129）
　　第五节　双节棍教学方法 …………………………………（140）

第五章　格斗训练防护 …………………………………………（146）

参考文献 …………………………………………………………（161）

第一章　徒手格斗技术

徒手格斗技术是以踢、打、摔、拿、击、刺等技击动作为主要内容，按攻防进退等规律进行的，以克敌制胜为目的的实用性技能。它是一项从实战出发，没有规则限制的，动作简练、实用性强且深受广大官兵喜爱的技能，其最大特点是一招制敌。徒手格斗技术具有悠久的历史和广泛的群众基础，是中华民族的一项宝贵的文化遗产。

第一节　徒手格斗技术的特点

徒手格斗技术的特点是在与敌人的实际格斗过程中不断总结和发展而形成的。进行格斗训练的目的只有一个，即尽一切可能在最短的时间内将对手制服，有时甚至不让他来得及发出一声呼救。苏联国家安全委员会（克格勃）的格斗训练教材中有这样一段话：格斗（单人格斗）应通过手指、拳头或膝盖，或通过任何可找到的武器，如绳子、石头等来打倒敌人。这说明徒手格斗技术的格斗训练与武馆中的训练相比，更强调实用性和灵活性，也更注重目的性。它不同于武术中的对练等对抗、表演性的体育项目。在技术动作上，更注重和突出一招制敌的特点，即一招下去，可使敌丧失反抗能力，也就是说有一定的"杀伤能力"。进攻时，既能适时地躲避敌人的锋芒，又能切中时机地进攻对手，使敌束手就擒。防守时，以静制动，耗其体力，防中有攻，使敌打不准、击不中。

一、动作简练，实战性强

美国"海豹"突击队的创建者查尔斯·贝克维兹（Charles A. Beckwith）曾在英国特种空勤团服役，其间他掌握了86种必杀技，如今这些必杀技已成为"海豹"突击队格斗术训练的必修课。我国徒手格斗技术，契合了东方人的身体特点，其招式、招法是根据它的使用目的编创而成的。它的动作结构分明，简单明了，虚实清楚，招招式式非踢即打，非摔则拿，攻防兼备，动无虚发，先发制人，后发先至，动作朴实而无花架。其技术动作的每一个招式（手法、身法、腿法）都有一定的目的和作用，而且非常简练。它不追求所谓的动作舒展大方，潇洒飘逸，而讲究虚实分明，敏捷灵活。因为在实际与敌格斗过程中，要有出战必胜的信心和分秒必争的时间观念，所以任何一个虚假和华而不实的动作都可能会对格斗者产生严重的后果和危害，甚至会出现不应有的伤亡，不论是徒手还是使用武器的攻击都是如此。例如，在徒手夺凶器的时候，要根据敌人手持凶器的不同，采取不同的夺凶器技术动作。如果在徒手夺凶器过程中稍有华而不实的动作，不但不能顺利地夺取凶器，制服敌人，反而会受到凶器的伤害。这一点是显而易见的。

我国徒手格斗技术的每一个技术动作都是从实战出发，以取胜为目的而设计的，所以，技术动作简练、朴实无华、实战性强，是我国徒手格斗技术和擒敌格斗技术最显著的特点。

二、击打要害，一招制胜

我国徒手格斗技术遵循系统性、科学性的原则而设计，动作是按照人体要害部位的弱点及其受外力击打后机制机能的变化而定的。因为人体中各部位的肢体和器官是一个统一的有机整体，一个部位的正常活动要受到其他部位的协调配合或制约。如果某部位受到击打，那么其他部位的功能也受到一定的阻碍或失去正常的活动能力。因此，徒手格斗技术一般都是选用击打人体要害部位的招法。一拳或一脚击中就能迫使敌人暂时甚至永久地丧失战斗能力，从而束手就擒，这就是一招制敌。例如，在徒手与敌格斗时，敌正面站立与我格斗，我抬脚用脚背弹踢其裆部，只这一招踢中，敌肯定会被踢倒在地。又如，敌用右直拳击打我面部，我左臂由下向上架挡，小臂内旋，用左掌反砍敌颈部右侧，其结果是轻则使敌头昏目眩，重则可使其肢体活动功能产生障碍，甚至终身残疾或死亡。再如，敌正面搂抱我上体，我大腿屈膝上抬，用膝盖顶击其裆部，敌不仅不能搂抱我，而且会被顶击倒地。这些都体现了我国徒手格斗技术和擒敌格斗技术击其要害、一招制胜的特点。

三、随机应变，顺势化力

与敌格斗时各自的变化是互不相知的，这就要求我们随机应变，按敌的站立位置、姿势及其攻击的动作和制敌的目的，施以制服的招法。学有千招，用时无数，这里主要强调的就是一个"变"字。孙子曰："夫兵形象水，水之形，避高而趋下，兵之形，避实而击虚。水因地而制流，兵因敌而制胜。故兵无常势，水无常形，能因敌变化而取胜者，谓之神。"例如绊摔动作：敌正面用右直拳击我面部，我用左手挡抓住其右手腕向下拧拉，然后向敌右侧上右步，同时右手成八字掌扼压敌颈部，向左转身，敌就会倒地。这个动作不但防止了对手的拳打，也有效地改变了招法向对手进攻，这体现了徒手格斗技术动作随机应变的特点。

所谓顺势化力，指的是在格斗时敌先于我发起进攻，我根据敌身体的姿势、进攻的招法和路线、力度的大小，采取相应的招法制服敌人。例如，敌用右腿绊我时，我迅速向右转体，盘腿抽出右腿，这样敌绊我右腿的力量就被我"化"掉了，同时，利用敌身体斜侧姿势站立的空当，我用左腿勾踢其右腿跟，一定会使敌倒地。这体现了徒手格斗技术的顺势化力的特点。

四、以攻为主，攻防兼备

在格斗中，攻和防是矛盾对立的两个方面，我国徒手格斗技术也涉及了进攻和防守两个方面的问题。如果说只有防守动作而没有进攻动作，那么只能处在被动地位；如果只有进攻动作而没有防守动作，一旦进攻动作失误，那么对手就会乘虚而入，由此带来不确定的危害。我国徒手格斗技术不但有直接进攻技术（因为积极主动的进攻是制敌取胜的先决条件），而且还有积极防守技术，它既吸取了我国武术中搏击运动的长处，又借鉴了国外各流派、拳种、技击的特点，融中外技击精华于一体，使之刚柔相济，攻防兼备。进攻时，则疾进猛打，连续攻击要害部位，使敌人胆怯畏惧，丧失抵抗能力；防守时，以静制动，耗其体力，防不胜防中有攻，使敌打不准、击不中。这个特点体现了我国徒手格斗技术的积极性和主动性，它有助于保护自己，打击敌人。

五、动作隐蔽，突然性大

徒手格斗技术合理简化了击打动作，缩短了拳打脚踢的运动路线，动作预兆小，攻击频率快，既突然又刚劲有力。

第二节　徒手擒敌技术

徒手擒敌术是徒手与敌人搏斗时，充分地利用人体关节和要害部位的弱点，击其要害，迅速制敌的一种有效手段。它主要包括袭击、摔打、擒拿等。

一、袭击

袭击是由后隐蔽接近，捉、打敌人的方法。要根据敌情、地形，灵活正确地应用动作。

[预备姿势] 听到"袭击——准备"的口令后，右脚后撤一步，左腿蹲，左手伸（微屈膝），同时，右手持刀后摆，身体下沉，目视敌方（见图1-1）。

图1-1　袭击预备姿势

1. 踹腿抹喉

（1）隐蔽接近，距敌约五至六步时，猛跃至敌背后，左转身的同时，左脚落地，右大腿抬平、屈膝，脚与敌膝窝同高（见图1-2(1)），两臂弯曲，左手按压敌颈，右手持刀前插，掌心向上（见图1-2(2)）。

（2）右脚外侧猛踹敌膝窝并落地，乘敌后仰，右手持刀攻击敌喉（见图1-2(3)）。

［要求］跃起要快，踹、按压、抹要一致、准确。
［注意］按压敌颈、后抹连贯，隐蔽接敌静声。

 (1)　　　　　　　　(2)　　　　　　　　(3)

图 1-2　踹腿抹喉

2. 抱膝锁喉

（1）隐蔽接近，距敌约五至六步时，猛跃至敌背后成半弓马步，两手抱敌膝，肩顶敌臀部（见图 1-3（1）~（3））。

（2）以两手后拉上提和肩前顶敌臀部之合力将敌摔倒（见图 1-3（4））。

（3）迅速骑压敌腰（右腿跪，左腿伸）锁喉制敌。亦可用两手推按敌头，乘敌抬头之际，锁喉制敌（见图 1-3（5））。

图 1-3　抱膝锁喉

［要求］抱膝、顶臀要同时，骑腰要快，锁喉要准、猛，并要上提后拉。
［注意］如敌翻身，可迅速上步骑胸、掼耳制敌。

二、摔打

在格斗中,摔打是十分重要的。因为徒手格斗时,敌我相互搂抱、纠缠的现象常常发生,而此时可用快摔技术先将敌摔倒在地,然后再将敌制服。

[预备姿势] 双方成准备格斗姿势(见图1-4)。

图1-4 摔打预备姿势

1. 绊腿

(1)敌右拳向我上身打来时,左腿迅速向左前上步,左手挡抓拧敌腕,右拳击敌面或胸部(见图1-5(1))。

(2)上右脚后绊敌右腿跟,同时右手推按敌胸部将敌摔倒(见图1-5(2))。

(3)两手上提敌臂,右脚猛踩敌肋将敌制服(见图1-5(3))。

[要求] 挡抓要准,上步要快,推绊要同时。

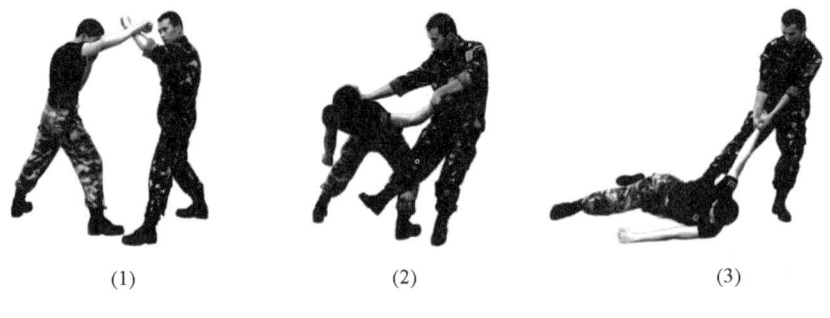

(1)　　　　　　(2)　　　　　　(3)

图1-5 绊腿

2. 扛摔

(1)敌右拳向我上身打来时,左脚稍向右前上步闪身,同时左手挡抓拧敌臂（见图1-6（1）），右脚猛踢敌裆部（见图1-6（2））。

（2）乘敌弯腰，落脚于敌两腿之间，右臂插入敌裆下（见图1-6（3））。

（3）左手向左下猛拉，使敌腹紧贴我右肩，同时，右手上挑，右肩上扛（见图1-6（4）），左转体，将敌从头上摔过；而后迅速左转身，抓敌右手上提，右肘猛击敌胸或敌喉部，将敌制服（见图1-6（5））。

图1-6 扛摔

［要求］近身要快，拉、挑要同时。

［注意］如敌压头，可用右手抓敌裆部，或用右手抱敌右小腿，同时用头或肩顶敌腹，将敌摔倒，然后骑胸卡喉掼耳制敌。

三、擒拿

擒拿是在格斗训练中必须掌握的一门过硬的实用的制敌于伤残或死亡的技法，这亦是一种技巧性很强的格斗形式。

在对敌斗争中，采取主动擒拿攻击法可免于被动受击，而且如攻击的时机和方法得当，则不仅可以大大挫伤敌人的锐气，还能从心理上给敌人以创击，并使其丧失信心和勇气。利用人体关节的弱点，以缠、卷、拧、压、别、锁等动作制服敌人。

1. 托腕别肘

（1）敌右拳向我打来时，迅速向左闪身成左弓步，同时左手抓握敌手腕（见图1-7（1）），右手迅速拍握敌右肘窝（见图1-7（2））。

（2）左脚上步，右脚后撤步，转身，将敌手固定于我左腹部，同时，两手猛力里卷、后拉、外拧、下压，将敌制服（见图1-7（3）、（4））。

图1-7 托腕别肘

［要求］托腕拍肘要准，撤步转身要稳，别肘下压要狠，撤步转身要协调一致。

2. 提肘掰脖

（1）敌右手卡脖，我迅速以左手抓握敌右手背，折腕外拧（见图1-8（1））；随即右手迅速抓按敌右肘关节，拇指食指按压敌右肘曲池穴。同时右手向右上猛提敌右肘外拧，迫敌下蹲（见图1-8（2））。

（2）右脚后撤一步，同时左手迅速抓敌腮脖部，向左猛力外掰将敌拉倒制服（见图1-8（3）、（4））。

［要求］抓肘按压要准，上提掰脖要狠，上提后拉要协调一致。

第一章 徒手格斗技术

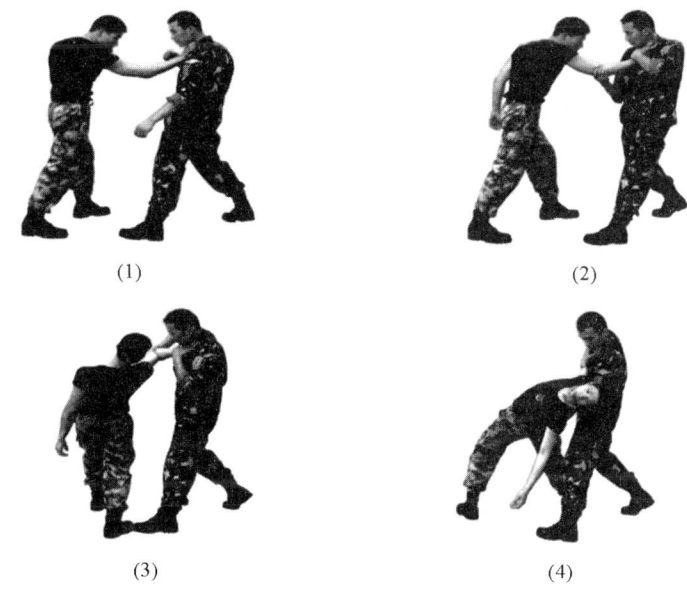

图1-8 提肘掰脖

第三节 徒手夺器械擒敌技术

在实战中,徒手对付持器械的敌人的方法很多,这里主要介绍夺刀和夺枪。

一、夺刀

在格斗中,夺刀是徒手与持刀之敌搏斗时使用的基本动作,它是一种技术性较强的动作技巧,不仅需要有敏锐的反应能力、勇敢的精神,同时还需要有娴熟的技巧、轻便灵活的步法和身法。也就是说,夺刀是在综合了踢、打、摔、拿等各种技巧、技术的基础上,根据敌握刀的方法、刺向及其身体的姿势而实施的一项紧急防范技术。

〔预备姿势〕练习者徒手,假设敌持刀,相对成准备格斗姿势(见图1-9)。

图1-9 夺刀预备姿势

1. 下挡反刺

（1）敌右手正握刀向我上刺时，我双手下挡，抓、拧敌手腕同时收腹（见图1-10（1））；身体右后转，同时右脚迅速向左后上步闪身，双手抓握敌持刀手上举（见图1-10（2））。

（2）转腰下沉双手合力，反刺敌腹（见图1-10（3））。

(1)　　　　　　　(2)　　　　　　　(3)

图1-10 下挡反刺

［要求］转身、撤步要快，下按抓握敌腕要准，反刺敌腹要狠。

2. 卷腕夺刀

（1）当敌右手正握刀向我上刺时，左脚迅速向左前上步闪身，同时，左手由左向右抓敌手腕（见图1-11（1）、（2）），右手顺势抓握敌手腕，两手拇指扣压敌拳背。

（2）猛力里卷，外拧、下压、后拉（见图1-11（3）），迫敌后倒；两手上提敌臂，同时右脚猛踩敌肋，将敌制服（见图1-11（4））。

［要求］上步闪身要快，挡抓敌腕要准，卷腕下踩敌肋要狠。

第一章　徒手格斗技术

图1－11　卷腕夺刀

二、夺枪

夺枪是徒手与持枪之敌搏斗时使用的动作。在实际格斗中，要随机应变，准确判断，主动进攻，灵活运用。

［预备姿势］练习者徒手，假设敌持枪，相对成准备格斗姿势（图1－12）。

图1－12　夺枪预备姿势

1. 防左勾踢

（1）敌枪向我左胸刺来时，我右脚迅速向右前上步闪身成右弓步，同时，左手挡抓敌枪，回拉紧贴前臂并扣压于腰际（见图1－13（1））。

11

（2）上左脚的同时，右拳横击敌头（见图1-13（2））。

（3）右脚勾踢敌左脚跟，同时右拳反击敌面或胸（见图1-13（3）），将敌摔倒。

（4）右脚踢敌头或踩肋，夺枪，用刺刀（或枪托）将敌制服（见图1-13（4））。

图1-13　防左勾踢

［要求］闪身要快，挡抓敌枪要准，反击勾踢要同时。

［注意］如敌收枪收腿，可顺势击肋锁喉制敌。

2. 防右压肘

（1）当敌枪向我右胸刺来时，我左脚迅速向左前上步闪身成左弓步，同时，右手挡抓敌枪加拉紧贴前臂并扣压于腰际（见图1-14（1））。

（2）左手猛攻力抓推敌左手腕，使其脱枪（见图1-14（2））。

（3）上右脚的同时，右手将枪托插入敌胯，用枪身别压敌肘，将敌制服（见图1-14（3））。

［要求］闪身抓枪要快，抓推敌手腕要猛。

［注意］如敌前滚，可用脚踢敌头。

(1)　　　　　　　　　(2)　　　　　　　　(3)

图 1-14　防右压肘

第四节　格斗技术教学原则和方法

擒敌格斗技术教学主要涉及教学原则、教学方法、教学过程以及几种常用格斗项目的教法等内容，本节将着重阐述其教学原则和方法。

一、格斗技术教学原则

擒敌格斗技术教学原则反映了我国教育训练方针和格斗教学过程的客观规律性，是我国在长期的格斗教学实践中积累起来的具有普遍意义的经验总结，也是在组织格斗教学的过程中必须遵循的准则。

在格斗教学中，除遵循军事体育训练的原则以外，还应遵循下列原则：教练员的主导作用与受训者的主动性相结合的原则、直观与思维原则、系统性原则以及巩固与提高相结合的原则等。

在格斗教学中，学习和贯彻这些原则，对合理选择和安排教学内容，恰当地运用各种教学方法，使受训者更好地掌握格斗的知识、技术和技能，增强体质，提高教学质量，完成教学任务等都具有重要意义。

（一）教练员的主导作用与受训者的主动性相结合的原则

这一原则的实质在于发挥"教练员教"与"受训者学"两个方面的作用。教练员与受训者积极性的发挥既是独立的，又是相互依存、相互促进和相互影响的，但起主导作用的应是教练员。格斗谚语中常提到"名师出高徒，重道得真谛""教不严，拳必歪；学不专，拳必滥""师傅领进门，修行在个人"

等，都说明格斗教学既要发挥教练员的主导作用，又要发挥受训者的主体作用，必须把教与学有机地结合起来。教练员在教学过程中，要充分发挥自身的积极性、创造性以及对格斗的理解，采取科学的教学方法，使受训者尽快地掌握新的知识和技能。同时，作为受训者，在学习过程中，要在教练员"言传身教"和启发教育下，明确学习目的，提高练习兴趣，从而主动认真地听讲习练，达到良好的学习效果。另外，格斗的内容丰富多彩，在安排学习内容和运用练习方法时，要根据受训者的具体情况和任务的需要，尽量做到系统化、多样化。例如：在学格斗基本功、基本功法的基础上，可以安排一些基本技术和套路的练习；在单练的基础上，可以安排实战对抗练习等。这样循序渐进，常有新的内容出现，能提高学习的积极性，启发受训者自觉主动地去研究新内容、新技术。

（二）直观与思维原则

直观性原则反映了受训者的认识规律，给受训者以感性的、形象且具体的知识，有助于提高受训者的兴趣和积极性，减少学习抽象概念的困难。由于格斗运动是技能性的项目，动作比较多、方向多变，除单纯身体活动外，还具有内在的精、气、意、劲与外在的手、眼、身、步的密切配合等特点。因此，在教学中，除采用常规的讲解外，应特别注意直观教学。在教学中，为了充分利用直观教学所产生的效果，应当运用一切有助于掌握动作的感性分析器。除通过听觉、视觉来感知动作的形象及空间与时间关系外，还要通过触觉和肌肉本体感觉来感知技术要领，从而建立正确的动作表象和概念。在格斗教学中，通常除采用常规的示范以外，还可采用录像、图片、幻灯片、投影、多媒体手段、观摩等视觉感知，建立动作概念。同时也可应用动作名称进行语言强化、录音等辅助方法，通过听觉感知建立动作概念。另外，直观教学不能孤立地进行，还必须与启发受训者的积极思维相结合。如果受训者只是一味地模仿，不经过思考，不分析技术要领，这种教学就成为注入式。只有通过教练员的示范、讲解和受训者的积极思考，所掌握的学习内容才是牢固的。因为格斗中的许多技术，不通过思考是很难掌握其内在含义的。

（三）系统性原则

系统性原则主要是由格斗教学内容本身的严密系统性所决定的，像"练拳不练功，到老一场空""要学拳，须站桩；欲习打，先练桩"这些都表明，在格斗教学内容的安排上，应遵循循序渐进的原则；另一方面，在教学上也应根据教材的难易程度和受训者的实际水平，灵活采用多种教学手段和辅助练习，由易到难，逐步深化，层层递进地进行教学。如：可以在基本功的基础上安排学习基本动作，基本动作又要先学习手型和步型等，然后再学习功法和滚翻等动作。学会了主要的基本动作，再练套路或各种技术动作。最后，进行实战对抗练习。在专项理论教材的安排上，同样也要与技术教材相一致，体现出系统性。这样理论讲授与技术教学有机结合起来，受训者容易理解，从而提高受训者的分析能力。

（四）巩固与提高相结合的原则

中华武术有句老话："拳打千遍，身法自然"，说明反复练习是巩固技术的重要手段。学习格斗的基本知识、技术、技能，其目的是在实践中应用，提高防身本领。如果对所学习的内容不能牢固而熟练地掌握，就不可能在未来需要时自如地运用。巩固与提高相结合的原则，是根据认识事物规律，即各运动技能形成规律提出来的。知识和技能的巩固是受训者学习和训练过程中十分重要的环节，格斗教学的实践表明，正确动作的动力定型需要经过反复不断地练习才能形成。同样，错误技术反复练习也会形成错误的动力定型。因此，在反复和巩固已学的格斗动作时，必须严格掌握正确技术要领，确保建立正确的动力定型。掌握和提高知识也是受训者接受新知识、顺利进行学习的基础，是受训者熟练运用知识的条件。另外，在格斗中对巩固的理解，不应只强调套路的顺序和各种技术、技能是否熟练，更重要的是加强对实战能力的培养。这是巩固的重要方面，同时也是提高的过程。

二、格斗技术教学方法

徒手格斗技术和擒敌格斗技术教学方法是指教练员和受训者在格斗教学过程中，为完成格斗教学任务而采用的途径、手段和程序的总称。

要完成格斗教学的任务，必须解决教学方法的问题。教学方法的选择与运用是否正确，对于教学任务的完成有着直接的影响。在格斗教学中，要根据教学任务、教材特点、受训者的实际、作业条件等具体情况确定教学方法的运用，力求做到有的放矢，行之有效。

下面简要介绍常用的教学方法。

(一) 由后捕俘

1. **课目**：由后捕俘技术。
2. **内容**：
(1) 由后捕俘技术：抱膝锁喉、踹腿锁喉；
(2) 捆绑技术："8"字形捆绑。
3. **目的**：通过训练，掌握徒手格斗技术由后捕俘技术，了解徒手格斗技术捕俘训练的组训方法，互相学习，共同提高，培养勇敢顽强、无所畏惧的战斗作风。
4. **时间**：3小时。
5. **地点**：操场。
6. **方法**：讲解示范，个人体会，分组练习，集体合练。
7. **要求**：
(1) 严格要求，刻苦训练，认真体会动作要领；
(2) 把训练场当战场，练技术、练作风、练协同；
(3) 注意安全，防止受伤。
8. **器材保障**：所需器材如表1-1所示。

表1-1 由后捕俘技术所需器材

序号	名称	数量
1	木枪	15
2	捆绑绳	15

9. **作业准备**（15分钟）：

清点人数、整理着装；宣布作业提要；组织活动身体（内容：徒手操8节（4×8拍）。目的：使体温升高，肌肉、韧带的黏滞性下降，提高中枢神经系统的兴奋性，以迅速适应即将进行的训练，防止受伤)。

10. **作业实施**（165分钟）：

任务背景：恐怖分子绑架我人质，我公安干警奉命前去抓获恐怖分子，得知一名恐怖分子在外站岗，我公安干警运用由后捕俘技术将敌制服，并实施捆绑押解带回。（注：在假设敌向前行进时将其制服）

理论提示：由后捕俘是徒手格斗技术由后隐蔽接近、捉擒敌人的动作，要根据地形和敌情灵活运用。基本动作包括抱膝锁喉、踹腿锁喉、提裆锁喉等内容，是战场捕俘的基本技能。

（1）抱膝锁喉

［动作示范］教练示范动作两遍（抽一名队员出列配合做假设敌）。

［要领讲解］口令为"捕俘手就位""由后捕俘——准备""抱膝锁喉——开始""停"。

在训练中，通常假设敌位于左侧，捕俘手位于右侧。

①听到"捕俘手就位"的口令，假设敌原地不动，捕俘手向后转，跑九步，向右转，自行对正假设敌。

②听到"由后捕俘——准备"的口令后，假设敌左脚向左打开略与肩同宽，右手将枪送出，左手接握木枪中端，右手移握枪颈。使枪托紧贴胯骨成端枪姿势；捕俘手右脚后撤一步，左腿蹲，右腿伸（微屈），膝盖和脚掌内侧着地的同时两手撑地，身体下扑，目视敌方。

③听到"抱膝锁喉——开始"的口令，捕俘手由预备姿势转为准备格斗姿势隐蔽接敌，当距敌五至六步时，迅速跃至敌背后，成半弓半马步，两手沿敌双腿外侧插前抱膝，肩顶其臀部，以两手后拉上提肩顶之合力将敌抱倒，左脚向左肩跨步，右脚向其右侧上步，左腿伸，右腿跪，猛力骑压敌腰，两手推按敌头，撞击地面，乘敌抬头之际锁喉制敌。

④听到"停"的口令，捕俘手双手扶假设敌双臂，使之位于左侧，恢复立正姿势，训练时，捕俘手和假设敌可自行换手。

（提示：为了方便训练和防止事故发生，在训练中两人要配合好，配合者摔倒时，一定要做前倒动作，双手主动拍地，对方锁喉时收下颌，双手撑地，使上体抬起，减少伤痛，在实际运用中，是将敌制服，但在训练中，要求不能直接锁喉而是锁在锁骨上端。）

［动作分析］动作分为接敌和制敌两个部分，接敌时动作一定要轻、快，制敌时要准、狠。

［动作要求］抱膝要准，上提、后拉要同时，骑压要快，锁喉要狠。

［动作变化］将敌摔倒后，若敌翻身反抗，可以骑腰卡喉、掼耳，将敌制服。

［动作要点］抱、拉、顶、骑、锁。

［组织练习］

①模仿练习。目的：主要体会动作步骤与要领。方法：教练领做3次，队员模仿3次。

②快速上步抱膝练习。目的：体会第一动的动作要领。方法：五人一组，

流水作业。注意：抱膝路线是由上向下，不要从两边。

③分解动作练习。目的：主要解决动作步骤的问题。方法：集体操练2×3次。

［常见错误动作技术分析］肩的位置不对，拉顶脱节。

［主要原因及分析］动作重心高，肩没有顶住对方臀部，拉膝时，肩没有前顶意识。

［纠正方法］强调手、肩协同用力，反复练习拉膝顶臀的动作。

①正误对比。目的：引导队员观察正误动作的细节区别，建立正确的动作印象。方法：抽两组出列做动作，进行对比，教练讲解。

②完整动作练习。目的：主要解决动作准确、节奏、力度的问题，建立起肌肉的本体感觉，提高动作熟练程度。方法：集体作业2×3次；流水作业2×3次。

（提示：要求用最短的时间、最快的速度、最狠的力度、最准确的动作制服敌人。动作要简洁，不能有多余动作；第一动最重要；节奏要清晰；一定要充分利用速度，在运动中完成动作；注意肌肉紧张与放松的关系，在制服敌人时，肌肉要瞬间紧张，爆发出最大威力。）

（2）踹腿锁喉

［动作示范］教练示范动作两遍（抽一名队员出列配合做假设敌）。

［要领讲解］口令为"捕俘手就位""由后捕俘——准备""踹腿锁喉——开始""停"。

隐蔽接敌后，距敌约5~6步时，猛跃至敌背后，左转身的同时，左脚落地，右大腿抬平，屈膝，脚与敌膝窝同高，两臂弯曲，右手沿敌脖右侧前插掌心向下，右脚外侧猛踹敌膝窝并落地，乘敌后仰，右小臂猛锁敌喉，将敌制服。

［动作要求］跃起要快，踹锁一致，准确有力。

［动作变化］如敌缩脖下蹲，可用掼耳、击肋将其制服。

［动作要点］踹、插、锁、顶。

［组织练习］

①模仿练习。目的：主要体会动作步骤与要领。方法：教练领做3次，队员模仿3次。

②分解动作练习。目的：主要解决动作步骤的问题。方法：集体操练2×3次。

［常见错误动作技术分析］踹锁脱节，动作不连续。

[主要原因及分析] 没有充分利用速度，动作重心没跟上去。

[纠正方法] 强调接敌时速度要快，踹膝后两臂迅速前插，控制好重心。

①正误对比。目的：引导队员观察正误动作的细节区别，建立正确的动作印象。方法：抽两组出列做动作，进行对比，教练讲解。

②完整动作练习。目的：主要解决动作准确、节奏、力度的问题。方法：集体作业 2×3 次；流水作业 2×3 次。

(3) "8" 字形捆绑技术

[动作示范] 教练做动作一遍（抽一名队员出列做配合）。

[要领讲解] 将敌制服后，骑压在其腰上，将敌左手由颈前拉至右肩上，右臂反拧至背后；用活扣套在敌左手腕上，抽紧向右上提，再将绳从敌颈上缠绕一圈，余绳在其右手上缠两圈后打一死结即成。

[组织练习] 两人一组，各练习两次。

(4) 由后捕俘技术交流

[目的] 通过技术交流，进一步了解技术的优缺点，达到互相进步、共同提高的目的。

[方法] 抽一名队员出来配合，教练演示。

[作业讲评] 评估训练效果；点评训练中存在的问题；明确下步训练的方向。（时长一般控制在 5 分钟）

(二) 摔打捕俘

1. **课目**：摔打捕俘技术。
2. **内容**：
摔打捕俘技术：拉臂摔、搂腰过背摔。
3. **目的**：通过训练，掌握徒手格斗技术摔打捕俘技术，了解徒手格斗技术捕俘训练的组训方法，互相学习，共同提高，培养勇敢顽强、无所畏惧的战斗作风。
4. **时间**：4 小时。
5. **地点**：操场。
6. **方法**：讲解示范，个人体会，分组练习，集体合练。
7. **要求**：
(1) 严格要求，刻苦训练，认真体会动作要领；
(2) 把训练场当战场，练技术、练作风、练协同；
(3) 注意安全，防止受伤。

8. 作业准备（15 分钟）：

清点人数、整理着装；宣布作业提要；组织活动身体（内容：徒手操 8 节（4×8 拍）。目的：使体温升高，肌肉、韧带的黏滞性下降，提高中枢神经系统的兴奋性，以迅速适应即将进行的训练，防止受伤）。

9. 作业实施（225 分钟）：

理论提示：摔打捕俘是徒手格斗技术正面对敌时，运用各种摔法技术使敌人失去重心而倒地，再对敌人的要害部位和关节实施打击或控制而将敌制服的技术。基本动作包括拉臂摔、搂腰过背摔、绊腿摔、抱腿摔、扛摔等内容，是战场捕俘的基本技能。

（1）拉臂摔

［动作示范］教练示范动作两遍（抽一名队员出列配合做假设敌）。

［要领讲解］敌上右步，右摆拳向我头部打来，我左脚迅速向左前上步，屈左肘由里向外格挡敌右小臂；上右步，屈膝左后转体，右臂上挑敌右大臂，两脚蹬地，挺膝、顶臀、拉腕，合力将敌摔倒；左转身，左跪步，右拳击敌头，将其制服。

［动作分析］动作分为防守和制敌两个部分，防守时动作一定要把握好时机、距离，制敌时要准、狠。

［动作要求］动作连贯，上步、转身、挺膝、顶臀、拉腕协调一致。

［动作要点］挡、转、挑、蹬、打。

［组织练习］

①模仿练习。目的：主要体会动作步骤与要领。方法：教练领做 3 次，队员模仿 3 次。

②分解动作练习。目的：主要解决动作步骤的问题。方法：集体操练 2×3 次。

［常见错误动作技术分析］动作脱节，发力不正确，摔不起来。

［主要原因及分析］没有用到蹬地扭腰之力，只是上肢发力。

［纠正方法］强调脚、手、腰全身协同用力。

①正误对比。目的：引导队员观察正误动作的细节区别，建立正确的动作印象。方法：抽两组出列做动作，进行对比，教练讲解。

②完整动作练习。目的：主要解决动作准确、节奏、力度的问题，建立起肌肉的本体感觉，提高动作熟练程度。方法：集体作业 2×3 次；流水作业 2×3 次。

③实战训练。目的：结合实战，提高专项力量耐力和爆发力。方法：五人

一组，围成一圆圈，一人在圆心，其余四人配合，连续快速完成动作。

（提示：要求用最短的时间、最快的速度、最狠的力度、最准确的动作制服敌人。动作要简洁，不能有多余动作；节奏要清晰；一定要全身协同用力，动作不能脱节；注意肌肉紧张与放松的关系，在制服敌人时，肌肉要瞬间紧张，爆发出最大威力。）

（2）搂腰过背摔

［动作示范］教练示范动作两遍（抽一名队员出列配合）。

［要领讲解］敌上右步，右直拳向我头部打来，我左脚迅速向左前上步，屈左肘由里向外格挡敌右小臂；上右步同时，左手抓敌右手腕，右手搂敌腰，右臀顶住臀，两脚蹬地、挺膝、顶臀、拉腕，合力将敌从腰背上摔过；左转身，左跪步，右拳击敌头，将其制服。

［动作要求］上步要快，搂腰要准，蹬地、挺膝、顶臀、拉腕协调一致。

［动作变化］对身材较矮的敌人，可挟脖将其摔倒。

［动作要点］挡、搂、顶、拉。

［组织练习］

①模仿练习。目的：主要体会动作步骤与要领。方法：教练领做3次，队员模仿3次。

②分解动作练习。目的：主要解决动作步骤的问题。方法：集体操练2×3次。

［常见错误动作技术分析］动作脱节，动作不连续。

［主要原因及分析］没有充分利用转腰之力，动作重心控制不好。

［纠正方法］强调上步转体要快，腿、腰、臂配合一致。

①正误对比。目的：引导队员观察正误动作的细节区别，建立正确的动作印象。方法：抽两组出列做动作，进行对比，教练讲解。

②完整动作练习。目的：主要解决动作准确、节奏、力度的问题，建立起肌肉的本体感觉，提高动作熟练程度。方法：集体作业2×3次；流水作业2×3次。

③实战训练。目的：结合实战，提高专项力量耐力和爆发力。方法：五人一组，围成一圆圈，一人在圆心，其余四人配合，连续快速完成动作。

（3）摔打捕俘技术交流

［目的］通过技术交流，进一步了解技术的优缺点，达到互相进步、共同提高的目的。

［方法］抽一名队员出来配合，教练演示。

[作业讲评] 评估训练效果；点评训练中存在的问题；明确下步训练的方向。（时长一般控制在 5 分钟）

（三）夺刀捕俘

1. **课目**：夺刀捕俘技术。

2. **内容**：

夺刀捕俘技术：抓腕别肘、切击别臂。

3. **目的**：通过训练，掌握徒手格斗技术夺刀捕俘技术，了解徒手格斗技术捕俘训练的组训方法，互相学习，共同提高，培养勇敢顽强、无所畏惧的战斗作风。

4. **时间**：3 小时。

5. **地点**：操场。

6. **方法**：讲解示范，个人体会，分组练习，集体合练。

7. **要求**：

（1）严格要求，刻苦训练，认真体会动作要领；

（2）把训练场当战场，练技术、练作风、练协同；

（3）注意安全，防止受伤。

8. **器材保障**：所需器材如表 1-2 所示。

表 1-2 夺刀捕俘所需器材

序号	名称	数量
1	橡胶匕首	15

9. **作业准备**（15 分钟）：

清点人数、整理着装；宣布作业提要；组织活动身体（内容：徒手操 8 节（4×8 拍）。目的：使体温升高，肌肉、韧带的黏滞性下降，提高中枢神经系统的兴奋性，以迅速适应即将进行的训练，防止受伤）。

10. **作业实施**（165 分钟）：

理论提示：夺刀捕俘是徒手格斗技术面对持刀之敌时，运用踢、打、摔、拿等各种技巧，根据敌持刀的方法、动作的路线及其身体的姿势而实施的制敌技术。基本动作包括挡击别臂、切击别臂、抓腕别肘、卷腕夺刀等内容，是战场捕俘的基本技能。

(1) 抓腕别肘

[动作示范] 教练示范动作两遍（抽一名队员出列配合做假设敌）。

[要领讲解] 敌右手正握刀向我劈来时，我左脚迅速上步左闪身，右手向右下拨敌右小臂，顺势抓敌右手腕，右转身的同时，用左小臂猛力砸压敌右肘关节，左腿从其右大臂上跨过，两手猛后别敌右肘，将其制服。

[动作分析] "一寸短一寸险"，对持刀之敌应高度警觉，一定要控制好距离，要把握好出手时机，控制住其持刀之手，动作一定要准、狠。

[动作要求] 闪身要快，砸肘要狠，别肘要猛。

[动作要点] 闪、拨、砸、别。

[组织练习]

①模仿练习。目的：主要体会动作步骤与要领。方法：教练领做3次，队员模仿3次。

②分解动作练习。目的：主要解决动作步骤的问题。方法：集体操练 2×3 次。

[常见错误动作技术分析] 砸压无力，控制不住敌肘。

[主要原因及分析] 没有用到蹬地扭腰之力，只是上肢发力。

[纠正方法] 反复练习左右弓步互换，体会蹬脚转腰之力。

①正误对比。目的：引导队员观察正误动作的细节区别，建立正确的动作印象。方法：抽两组出列做动作，进行对比，教练讲解。

②完整动作练习。目的：主要解决动作准确、节奏、力度的问题，建立起肌肉的本体感觉，提高动作熟练程度。方法：集体作业 2×3 次；流水作业 2×3 次。

③实战训练。目的：结合实战，提高专项力量耐力和爆发力。方法：五人一组，围成一圆圈，一人在圆心，其余四人配合，连续快速完成动作。

（提示：要求用最短的时间、最快的速度、最狠的力度、最准确的动作制服敌人。动作要简洁，不能有多余动作；节奏要清晰；一定要全身协同用力，动作不能脱节；注意肌肉紧张与放松的关系，在制服敌人时，肌肉要瞬间紧张，爆发出最大威力。）

(2) 切击别臂

[动作示范] 教练示范动作两遍（抽一名队员出列配合）。

[要领讲解] 敌右手反握刀向我下刺时，我左臂向外切击敌右小臂，同时左脚迅速向右前蹬步闪身，右脚猛踢敌裆，并落脚于敌右脚前，乘敌收腹之际，左臂里插上挑敌臂，同时，右手拉压敌肘，上左脚右转身成右弓步的同时

别压敌臂，右手卷腕夺刀，将其制服。

［动作要求］闪身、切臂要快，踢裆、别臂要狠。

［动作变化］如未挡开，可迅速变招，实施摔法或其他擒拿动作制服敌人。

［动作要点］闪、踢、挑、拉、别。

［组织练习］

①模仿练习。目的：主要体会动作步骤与要领。方法：教练领做3次，队员模仿3次。

②分解动作练习。目的：主要解决动作步骤的问题。方法：集体操练2×3次。

［常见错误动作技术分析］动作脱节，动作不连续。

［主要原因及分析］没有充分利用上转腰之力，动作重心控制不好。

［纠正方法］强调上步转体要快，腿、腰、臂配合一致。

①正误对比。目的：引导队员观察正误动作的细节区别，建立正确的动作印象。方法：抽两组出列做动作，进行对比，教练讲解。

②完整动作练习。目的：主要解决动作准确、节奏、力度的问题，建立起肌肉的本体感觉，提高动作熟练程度。方法：集体作业2×3次；流水作业2×3次。

③实战训练。目的：结合实战，提高专项力量耐力和爆发力。方法：五人一组，围成一圆圈，一人在圆心，其余四人配合，连续快速完成动作。

（3）夺刀捕俘技术交流

［目的］通过技术交流，进一步了解技术的优缺点，达到互相进步、共同提高的目的。

［方法］抽一名队员出来配合，教练演示。

［作业讲评］评估训练效果；点评训练中存在的问题；明确下步训练的方向。（时长一般控制在5分钟）

（四）在教学中常用的几种方法

1. 语言法

正确地运用语言，使受训者明确学习任务，启发受训者积极思考，加深对教材的理解程度，对加速掌握基本技术、技能，有效地发展身体、增强体质，培养分析问题和解决问题的能力，完成教学任务，具有重要的意义。在语言法中，主要包括讲解和口令运用等几部分内容。

讲解是指教练员在教学中，用简明的语言向受训者说明所学格斗动作的名称、作用、要领、要求及练习方法。讲解要有明确的目的，要有教育意义，讲解要通俗易懂，简明扼要，富有启发性，并且要注意层次和时机。一般来讲，需讲解的内容包括：动作名称和要领，动作的基本规律，动作易犯的错误，动作的关键环节以及动作的攻防含义等。讲解的方法一般采用：

（1）形象化讲解：如讲"准备格斗"的姿势，形象地比喻为像拉出决战架势，毫不畏惧，与对方拼搏的英雄姿态。

（2）口诀化讲解：如讲弓步，口诀可为"前腿弓，后腿绷，挺胸、立腰、别晃动"。

（3）单字化讲解：如格斗中的"击腰锁喉"，要领可归纳为"挡、击、插、拉、压"五个字。

（4）术语讲解：如"沉肩""爆发力"等。

（5）口令的运用：在徒手格斗技术格斗教学中，口令一般要求声音短促、洪亮、有力。

①把动作名称当作口令。如发出格斗中"弓步冲拳"的口令时，受训者做弓步冲拳；如发出刺杀中"前进、后退"口令时，就做"前进、后退"动作；等等。

②用"呼号"代替口令。如格斗套路中喊"1"，受训者做弓步冲拳，再喊"2"……依次进行。

③提示性口令。提示性口令是在口令的前面加上动作名称，如格斗套路中"弓步冲拳——1"，前面的动作名称是预令，后面的呼号是动令，听到"1"字后受训者做弓步冲拳。

2. 直观法

直观法主要包括示范教学和电化教学。

（1）示范教学

示范教学是教练员以准确的动作为范例，使受训者了解所要学习的动作形象、结构、要领和方法。正确的示范，不仅可使受训者通过直观的感性认识获得正确的动作概貌，还可提高受训者的学习兴趣，激发受训者学习的自觉性，所以示范教学对教学效果有重要的作用。为了使受训者能比较清楚地观察示范的动作，突出示范的目的，取得更好的效果，应注意以下几点：

①示范位置的选择。教练员示范位置的选择，应以所有的受训者都能看清教练员的示范为目的。其形式多样，如：可以站在横队的等边三角形的顶点地方，也可以站在受训者的中间，或让前面受训者坐下或蹲下，还可以使队伍站

成半圆弧形，教练员在中心位置示范。另外，在示范领做时，教练员可以根据套路或各种技术动作的运动方向站在练习队形的左前方或右前方。

②示范面的运用。教练员通常采用正面示范、侧面示范、斜面示范、镜面示范以及背面示范等，一般以正面示范为最好。当然，示范面的运用是灵活的，要根据具体的动作、具体的环境来选择示范面。为了让受训者看清动作的几个不同部位的要点，同一个动作也可以采用几个示范面。

③做示范。在初学新动作时，教练员在示范讲解之后，最主要的便是领做。领做示范时，应注意示范位置的选择和示范的速度。

④示范与讲解应结合运用。示范和讲解是不可分割的，往往两者结合起来运用。在格斗教学中可以先讲解后示范，也可以先示范后讲解，还可以边示范边讲解。一般来说，对于水平较低的受训者示范是主要的，而对水平较高的受训者讲解是主要的。同时，还要根据教材的难易来决定。

(2) 电化教学

为了有助于受训者建立正确的动作概念，尤其是当示范不能充分显示动作的结构、过程、关键与细节的时候（如动作过程过快，结构复杂，动作在空中进行不能停留等），可采用挂图、照片、录像、投影、幻灯片和其他多媒体手段等形象的直观方式。这对加深对教材的理解，分析动作的要领，提高教学效果，都有重要意义。

3. 完整教学法和分解教学法

徒手格斗技术和擒敌格斗技术是由不同类别的单个动作组成的，而每一个单动作又是独立的，所以格斗教学可以用完整教学法。完整教学法的特点，是保持了技术动作的完整性和它固有的结构，使动作连贯自然，便于较快地掌握技术。因此，能使受训者了解动作的全貌，形成完整的概念，这是格斗教学中最主要的教学法。在教格斗中结构简单、难度不大的动作，或教有一定基础的受训者时，可以采用完整教学法。

分解教学法是把完整的技术动作合理地分成几个部分，按部分逐次地进行练习，最后达到完整地掌握整个动作的目的。它的特点是，在动作比较复杂、难度比较大的情况下，便于受训者了解动作细节，更好地掌握完整技术。这种教学法的优点在于：可将复杂的动作简易化，按层次过渡到完整，因此，可以增强受训者学习的信心、缩短教学时间，便于掌握技术动作。

从上可以看出，完整教学法与分解教学法是相对而言的，绝不是孤立地进行。完整教学法中有分解教学的成分，在分解教学中，必须有完整教学的观念，在运用中，是相互配合、互为补充的。有时先分解后完整，有时先完整后分解，一般可采取完整—分解—再完整的原则。教练员对此要灵活运用。

4. 练习法

练习法是指受训者在教练员的指导下，对已学习的动作进行反复练习的一种教学方法。练习法也是格斗教学中十分重要的一种教学方法。在教学中，通过语言和直观所感知的动作概貌，经过受训者亲身实践，进行反复练习，才能消除各种错误与缺点，掌握、提高、巩固所学的知识、技术和技能，发展身体，增强体质，培养顽强、坚毅和集体主义精神等优良品质。组织练习的形式一般有个人练习、分组（或分班）练习和集体练习。

（1）个人练习：受训者人数多时可采取个人原地重复练习，人数少时可采取分散个人练习，让受训者独立体会刚学过的内容，加强记忆，巩固提高。

（2）分组（或分班）练习：这一练习形式要求受训者既要独立思考，反复体会动作；又要发动受训者相互观摩学习，分析纠正动作，取长补短；甚至可以分两人一组，进行实战对抗练习。因此，这种练习形式既能节省时间，保证重复练习的次数和一定的运动负荷，又能通过相互观摩学习，提高受训者分析动作的能力，培养团结互助的精神。同时，还能培养实战能力，提高擒敌本领。

（3）集体练习：可由教练员指挥领做，受训者跟着教练员练习。练到一定程度时，教练员可用口令指挥受训者集体练习。在集体练习时，教练员可以注意观察受训者练习中存在的缺点和错误，并加以纠正。

5. 比赛法

在教学的不同阶段，根据教学任务和要求，以及受训者的实际情况，可以制定出教学比赛的标准和要求，采取个人比赛、分组（或分班）比赛、实战对抗比赛等形式进行。这种教学比赛，可由教练员评分，或者受训者评议与教练员评分相结合来评定成绩。受训者在这种具有竞争或实战因素、心理非常紧张的情况下完成动作，能最大限度地表现出机体的机能，有效地提高技术、技能，同时也能提高实战的适应能力。

6. 预防与纠正错误法

受训者在学习和掌握动作过程中会出现各种错误，教练员应及时发现和纠正。一般易犯的错误及纠正的方法有以下几点：

（1）由于接受能力和协调性差而出现错误时，教练员就要耐心地采取动作分解、慢速示范、多领做等方法帮助纠正。

（2）由于肌肉本体感觉差，不能控制动作而出现错误时，教练员可以强调规格和要求,用助力与阻力和定向等直观法来帮助纠正,还可以发动受训者相互帮助纠正。

（3）由于身体素质差而做不好动作时,教练员就应采取相应的措施,首先提高受训者的有关专项素质,从而使受训者逐步地完成动作。教练员不要因急躁而挫伤受训者的情绪。

（4）由于怕出危险而做不好动作时,教练员可采取一定的保护和帮助的方法,或者逐步加大难度,让受训者放心地体会动作要领,逐步克服动作中的错误。

（5）由于不理解动作的性质和作用而出现错误时,教练员可根据动作的攻防性质,用攻防相克的方法来启发诱导,帮助纠正。纠正动作错误时,教练员要善于抓住共性的错误,组织受训者集体会诊,发挥集体的智慧,启发受训者分析错误的因果关系,以点带面地解决普遍性的问题,还要善于发动受训者互相识别错误和纠正错误。

徒手格斗技术格斗教学的方法是丰富多样的,随着格斗教学经验的不断积累和军事科学技术的不断发展,教学方法必将不断地丰富和发展。

第五节　格斗技术教学过程

徒手格斗技术和擒敌格斗技术的教学过程,实质上就是受训者由不会到会,以至能轻松自如而准确熟练地按照一定动作规格要求完成技术动作的过程。因此,我们把格斗技术动作的形成过程分为三个阶段,即:初步掌握阶段、改进提高阶段和运用自如阶段。

一、初步掌握阶段

由于受训者是初次接触格斗技术动作,在这个阶段受训者学习的生理特点是:大脑皮层兴奋过程呈现扩散状态,处于泛化阶段。因此,受训者初学格斗动作,时常表现为不协调、不准确,动作僵硬,缺乏节奏,劲力不顺达,更缺乏格斗意识,能用言语来描述动作的情况。这些现象产生的原因,主要是大脑皮层兴奋的扩散,尚未建立起本体感觉的运动条件反射。根据这种情况,本阶段的主要教学任务是使受训者建立正确的动作表象及动作技术概念。在教学中应该注意以下几方面的问题。

一是由于受训者尚未建立起准确的肌肉感觉，学习格斗动作主要是靠视觉分析器在起作用，因此本阶段的教学应根据教材的内容和受训者的实际水平，多运用形象化教学手段，示范与讲解相结合进行，以示范为主的教学方法，使受训者在模仿学习中通过视觉反馈逐步建立肌肉感觉。

二是在进行示范教学时，技术动作要准确、熟练、轻松、优美，而且还要把格斗的攻防意识贯穿到每一动作中，给受训者一个正确、生动、完整的动作概念。讲解要有针对性，要精练、通俗、形象，抓住技术重点启发受训者思维，才能有助于受训者迅速掌握动作。

三是受训者在粗略掌握了格斗技术动作时，必须要进行反复练习，强化条件的刺激。只有对每个初学的技术动作进行反复练习，使身体承受一定的运动量，才能形成正确的技术动作概念。利用保护、帮助、降低动作难度等方法，使受训者在一定的安全保护下，提高肌肉的运动感觉，以消除防御性反射对练习的干扰。如：格斗中的倒功以及滚翻等动作的教学，教练员就应该降低动作难度，在保护、帮助下让受训者进行练习。这样可以使受训者在具有一定安全感的情况下，掌握正确的技术动作。

四是教练员在教材安排及教学要求上，还要注意贯彻由易到难、由简到繁、由低到高的循序渐进的原则。教练员对受训者完成动作的情况多做正面的肯定和鼓励，多从正面提出希望，以利于加速阳性条件反射的建立。

二、改进提高阶段

由于在第一阶段的基础上，经过不断强化建立了较牢固的运动性条件反射和动力定型，大脑皮层的运动中枢兴奋与抑制过程逐渐集中，分化能力增强，因此，受训者能较正确地分析和完成技术动作。在这一阶段，受训者完成动作的外在表现为：技术动作掌握得较正确，动作的协调性、速度、劲力、幅度以及节奏、意识也有明显提高，技术动作准确、连贯、轻松、自如。动作紧张、不协调，多余动作以及错误动作也逐渐减少以至消失。同时，已能用语言清楚地表达自己完成动作的情况。但由于这种运动性条件反射和动力定型建立得尚不牢固，因此遇到新异刺激很容易出现多余的或错误的动作。

此阶段在格斗教学中占有重要的地位，其教学的主要任务是在初步掌握技术动作的基础上，不断地巩固提高，让受训者进一步掌握技术细节，提高协调性和动作的节奏处理以及格斗意识，提高动作的练习质量，巩固建立的动力定型，使受训者逐步做到连贯正确地完成技术动作。因此，在教学中应注意以下几方面的问题。

首先，教练员在教学中，要运用精练、准确的语言（如形象化、口诀化、单字化的讲解等），这样，受训者就很容易把握动作技术要领。

其次，科学地讲解动作要领，分析技术动作，及时找出出现的错误动作，并启发受训者自觉地纠正错误动作。这同时也培养了受训者观察分析问题的能力，以提高动作的质量。

再次，为了有助于提高受训者完成动作的准确度，提高技术水平，可以采用加大难度和增加练习的密度、运动量来发展受训者的专项身体素质。同时，也要适当地增加课的密度和运动量，这对于改进技术、提高教学的效果都有良好的作用。

最后，可以结合格斗攻防特点进行教学，进一步加深受训者对格斗动作的理解，培养受训者的格斗意识，提高实战能力。

三、运用自如阶段

这一阶段受训者对技术动作掌握已基本巩固，大脑皮层中的兴奋与抑制在运动中枢内形成了牢固的动力定型，分化抑制完善，反馈调节能力增强，由于不断强化，建立了牢固的运动性条件反射和动力定型。学习完成动作的外在表现为：动作逐步达到成熟阶段，在不同的条件下，也能准确地完成技术动作，而且某些环节的技术动作还可呈现初步自动化，其表现为动作轻松灵活、能发挥自己的运动素质。这更加有利于动力定型的巩固和技术动作质量的提高，进而促进技术动作的自动化。

根据以上特点，这一阶段的主要教学任务是：稳定技术，不断强化已形成的运动技能，逐步达到高标准，同时还要根据教学与大纲的要求完成套路技术以及不断提高实战运用的综合能力。

1. 增加完成技术动作的要求

为了进一步提高受训者对技术动作和套路的熟练程度并形成自动化，在已掌握了技术动作和套路基本技术后，应不断增加完成技术动作和套路的次数，从而巩固已建立的条件反射，强化本体感觉，提高完成技术动作的质量。同时也可以采取加大难度的练习方法，提高动作的精确度，以利于建立更精细的分化抑制。

2. 及时纠正错误动作

在这一阶段，如发现受训者有错误的技术动作，应及时、彻底地纠正，提高完成技术动作的质量,以免形成错误的动力定型。

3. 提高格斗专项素质

由于受训者的运动量与技术都有了更高的要求,因此,要使受训者承受较大的负荷量,就要把提高技术与提高身体素质有机地结合起来,每堂课都可以结合格斗基本功练习来发展,提高受训者所必须具备的格斗专项身体素质。

4. 加强格斗动作攻防战术意识和实战对抗的能力

根据格斗动作本身的攻防特点,受训者可进行实战对抗的综合练习,加深对格斗技术动作的理解,进一步提高套路的演练技巧,并加强实战对抗能力。

总之,形成格斗技术动作的三个阶段是相互联系、互为条件、互为作用的,各阶段没有明显的界线。通过分析,我们可以更好地掌握这一规律,并灵活地运用到格斗教学过程中,以提高格斗教学质量,完成教学任务。

四、应对多人袭击的格斗训练

对多人袭击的防守反击,要比对付一个敌人的袭击困难得多。因为我们要同时应付两个或两个以上来犯之敌,而且敌人可能分别从前面、侧面及背面袭击,这无疑会分散我们的注意力,使我们处于很被动的境地。因此,在这种危险情况下反击的时机及攻击的准确性、力度是至关重要的。因为若一次反击无效,就可能没有第二次机会,所以我们在反击时要确信自己所运用的技术都绝对有效,并且必须快速果断、竭尽全力地攻击,达到一招制胜,使敌彻底丧失反抗能力,从而赢得打击和制服其他敌人的时间机会。

在遇到多个敌人袭击时,要沉着冷静、机智勇敢,在精神和气势上压倒敌人;运用灵活多变的步法,抢占有利位置、方向,尽可能地摆脱扭打与搂抱,充分发挥拳、腿、肘、膝的威力。在战术上要虚实结合、声东击西,力求速战速决,出其不意,攻其不备,把握主动权。在实施反击时,要先重击并制服对我们威胁较大的敌人,特别是持器械者,要对准其要害部位给予致命的打击,致其伤残、夺其凶器,解除危险,然后再各个击破。

(一)"一对二"袭击的防守反击

1. 踹肋击面弹裆

我在自然行走或站立中,当两名敌人从正面袭来时:我迅速用左侧踹腿猛力踹击左侧敌之腹肋部,将其踹倒;同时用右冲拳攻击右侧敌之面部,接着用右正弹腿猛力弹踢其裆部，重创之。

［动作要点］反应快，侧踹要把握好距离、时机，踹击迅猛有力；右拳击面要快、猛，弹裆要狠、准；击面与弹裆要快速连贯，一气呵成。

2. 踹膝过顶踩头

我在自然行走或站立中，当两名敌人从两侧袭击我时：迅速向后跳闪一步，随即举右拳佯攻右侧之敌，突然用左侧踹腿猛击左侧敌之膝关节，将其踹倒；此时右侧敌向我扑来，我迅速潜闪并用双手搂抱敌之双腿将其过顶摔倒，接着快速上步踩其头颈部。

［动作要点］反应快，跳闪及时；踹膝要迅猛有力，有杀伤力；潜闪抱腿及时，过顶摔全身用力一致，上步踩头要快、狠、准。

3. 弹裆头顶砸颈

一名敌人从背后搂抱住我腰，而另一名敌人从正面挥拳向我扑来时：迅速用右正弹腿猛力弹踢正面的敌人裆部，接着用力左后转并同时用左肘顶击背后之敌头部，再迅速右后转身右肘砸击其颈部。

［动作要点］时机恰当，弹裆快、狠、准，重创正面之敌；转身肘击要连贯协调，顶击要快、猛，砸颈要狠。

4. 摆拳弹裆顶面

我在自然行走或站立中，当一名敌人突然用右腿弹踢我裆部袭击，而另一名敌人在右侧举拳准备攻击时：我迅速向左侧闪步并同时用左手里挂敌腿，用右摆拳反击其头部，将之击倒；此时右侧之敌挥拳击我头部，我则顺势快速提左脚弹踢裆部，接着上右步用左膝猛力顶击其面部。

［动作要点］反应快，动作敏捷；侧闪及时，摆拳击头迅猛；弹裆要快、狠、准；顶面要迅猛有力，若配以两手向下扒按敌头效果更佳。

5. 踹膝撞腹顶头

当两名敌人分别从两侧用双手抓住我手臂时：迅速把左手用力回拉，同时用左侧踹猛力踹击左侧敌之膝关节，使之关节受损而松手；同时右手向右上摇拉并用左膝撞击右侧敌之腹部；接着左手向下搂扒其颈后，同时用左膝猛力上顶其头部。

［动作要点］左手回拉与踹膝同时进行，踹膝要迅猛有力，使敌膝关节受损及解脱左手；右手摇拉要有力，撞腹要猛烈；顶头要狠、准。

6. 弹裆踩脚背摔

当一名敌人从背后用右臂夹锁我颈部，而另一名敌人在面前持匕首威胁我时：迅速用双手向下拉拽敌臂缓解，随即用右正弹腿猛力弹踢持匕首之敌裆部；接着顺势回收右脚并狠踩背后之敌脚背；同时两手猛向下拉拽，两腿蹬伸，向下弓腰，低头将其背起摔倒。

［动作要点］弹裆要快速、突然、狠、准，务必重创持匕首之敌；踩脚要狠，拉臂与蹬腿、低头要协调连贯，脆快有力。

（二）"一对三"袭击的防守反击

1. 肘击弹裆侧踹

当一名敌人从背后用右臂扼勒我喉部，又有两名敌人从两侧向我攻击时：我迅速向右后转体，并同时用右后顶肘猛力顶击背后之敌肘部，解脱扼喉；接着顺势用左正弹腿弹踢右侧之敌裆部；再顺势右后转身用右侧踹腿踹击左侧之敌肋部。

［动作要点］肘击要迅猛有力，能解脱扼喉之困境；弹裆要快速、突然、狠、准；右后转身踹腿猛烈。整套反击动作要快速连贯。

2. 弹裆踹膝砸颈

当两名敌人从背后抓住我双手并按住双臂，正面又有一敌人挥拳扑来时：迅速用右正弹腿猛力弹踢正面之敌人裆部，然后回收右腿并顺势踹击右侧之敌膝关节，解脱右手；上动不停，快速右转身并用右肘向下猛力砸击左侧敌之头颈部。

［动作要点］反应快，弹裆要快速、突然、狠、准，将正面之敌重创；弹裆与踹膝要协调连贯，踹膝要猛烈，转身肘砸颈要迅猛，爆发用力。整套反击动作要快速连贯，一气呵成。

3. 抱腿扫摔撞面

当正面一名敌人踹击我头部，两侧又有两名敌人挥拳欲攻时：迅速潜闪并上步抱敌之右支撑腿后拉，肩前顶将之摔出；接着顺势右后转身用右后扫腿猛扫左侧之敌小腿下端，使之倒地；此时右侧之敌已上步冲来，我则左脚用力蹬地跳起并用左冲膝用力撞击其面部。

［动作要点］反应快，动作敏捷；潜闪抱腿及时，顶摔有力，右后扫腿迅猛，全身协调用力，抱腿前顶与后扫腿要快速连贯，一气呵成；飞膝撞面要狠、准。

4. 踢面撞腹与顶肋背摔

当正面一名敌人突然上步蹲身欲抱我腿，两侧又有两名敌人欲攻击我时：

迅速用右正弹腿猛力弹踢正面之敌面部；此时左侧之敌右侧弹腿踢击我腹部，我快速用左手抄抱其腿，随即左手上抬用右侧撞膝，反击其腹肋部；而右侧之敌已冲来并从背后用右臂夹锁我颈部，我快速用双手向下拉拽敌前臂，并随即用右后顶肘反击其肋部；两手猛向下拉拽敌右臂，两腿蹬伸，向下弓腰，低头将其背起后摔倒。

［动作要点］反应快，动作敏捷；踢面时机恰当，快速有力；抄抱腿及时，膝撞腹迅猛，拉臂防守及时，肘顶肋猛烈；背摔要全身协调一致。

（三）两人配合擒敌训练

两人配合主动擒敌是执法者与敌人格斗中所必须掌握和运用的制服敌人的技巧。它要求两人平时要经常在一起做配合擒拿动作练习，形成固定不变的模式、招法。在实际对敌格斗时，根据敌所处位置、站立姿势，选好一种擒拿招法，在两人的默契配合下，将敌制服。

1. 卷腕蹬膝推肘

［准备姿势］敌自然站立或行走，我甲、乙二人在敌后左、右两侧，欲将敌制服。

［制服动作］甲上左步，右手抓握敌左手腕，拇指顶住敌手背；同时乙上右步，左手抓握敌手腕，拇指顶住敌手背。甲身体右转，两手合力反拧敌左手腕；同时乙身体左转，两手合力拉拧敌右手腕。

甲起左腿，乙起右腿，同时蹬敌膝关节后侧，迫敌两腿膝关节跪地，甲左手松开、由下向上托握敌右肘关节。

甲右脚上步，右手卷敌左手腕，左手推其肘，同时乙左脚上步，左手卷敌右手腕，右手推其肘，使敌后仰倒地；甲、乙二人顺敌倒姿势下蹲，用膝跪压敌左右两肋，同时推敌两肘关节，将敌制服搜身。

［动作要点］此动作在制敌过程中，甲、乙二人动作相同，左右相反，要注意配合的连贯性；应做到抓腕突然，上部转体快，卷腕蹬膝有力。

2. 压肘蹬膝拉肩

［准备姿势］敌自然站立或行走，我甲、乙二人在敌后左、右两侧，欲将敌制服。

［制服动作］甲向敌外侧上左步，左手抓握敌左手腕，乙上右步，右手抓握敌右手腕；甲上右步用右手推压敌左臂肘关节，同时乙上左步用左手推压敌右肘关节。

甲起右腿，乙起左腿，两人同时蹬敌左腿膝关节，迫敌双膝跪地，而后甲右手回拉敌左肩，乙左手后拉敌右肩。

拉肩使敌后仰倒地。甲、乙二人顺敌后倒姿势成弓步，甲用右手折敌左手腕，左手推敌左肘关节；乙用左手折敌右手腕，右手推敌右肘关节；甲、乙二人用膝跪压敌肋部，将敌制服后搜身。

［动作要点］接近快，攻击突然；抓腕、压肘、蹬膝动作连贯，后拉肩与折腕推肘配合协调；甲、乙二人应注意动作同步完成。

3. 折腕后拉跪压

［准备姿势］敌自然站立或行走，我甲、乙二人在敌背后左、右两侧，欲将敌制服。

［制服动作］甲向敌左脚外侧上右步，左手由敌左臂腋下穿过，抓握住其左手臂，右手由外侧抓握住其左手肘关节；乙向敌右脚外侧上左步，右手由敌右臂腋下穿过，抓握住敌右手手臂，左手由外侧抓握住其右肘关节。

甲左手回拉敌左臂肘窝，右手上提其左手，折卷其左手腕；同时乙右手回拉敌右臂肘窝，左手上提其右手，折卷其右手腕。而后甲向后撤右步，双手折卷其左手手腕后拉；同时乙向后撤左步，双手折卷其右手手腕后拉，将敌摔成仰卧。甲向后撤右步，双手折其手腕，左脚蹬敌肋；同时乙向后撤左步，压敌肋。而后甲、乙二人用膝跪压敌肋，双手外翻敌手腕，将敌制服后搜身。

［动作要点］接近快，攻击突然；折卷手腕到位，后拉配合协调；蹬肋跪压连贯，二人同步完成制服动作。

4. 砍颈蹬膝推肘

［准备姿势］敌自然站立或行走，我甲、乙二人在敌背后左、右两侧，欲将敌制服。

［制服动作］甲向敌左脚外侧上左步，左手抓握住敌左手腕，右手变掌微抬；同时乙向敌右脚外侧上右步，右手抓握敌右手腕，左手变掌微抬；甲、乙二人同时回拉敌左、右手腕，用掌外侧平砍敌颈部两侧。

甲砍颈后右手扒住敌左肩，起右脚蹬踏敌左膝窝；同时乙砍颈后左手扒住敌右肩，起左脚蹬踏敌右膝窝。

甲、乙二人以蹬膝、拉肩之合力，使敌双膝跪地后仰卧后倒；甲右手抓握住敌左肘窝，同时乙左手抓握住敌右肘窝。

甲右转体，左手推腕，右手拉肘，使敌左小臂弯曲，而后右手推其左肘，左膝跪肋；同时乙左转体，右手推腕，左手拉肘，使敌右小臂弯曲，而后左手推其右肘，右膝跪肋，将敌制服后搜身。

［动作要点］抓腕紧，砍颈准，拉肩与蹬膝同时完成；转体折卷手腕与推肘跪肋协调连贯；甲、乙二人动作应同步，左右相反，配合默契。

5. 圈臂后拉折腕

［准备姿势］敌自然站立或行走，我甲在敌左侧、乙在敌右侧，欲将敌制服。

［制服动作］甲起左脚，侧蹬敌左脚膝关节，同时乙出左拳直击敌右侧下颌；甲左脚落步，右手成掌，由上向下砍击敌后颈部，同时乙右勾拳击敌腹部。

甲右手抓握住敌左手腕，左小臂上挑其左肘窝。同时乙左手抓握住敌右手腕，右小臂上挑其右肘窝。甲、乙二人同时左、右转体，用挑肘之小臂圈敌小臂并扒敌肩，抓腕之手推其手腕。

甲左脚撤步于敌左脚后，乙右脚撤步于敌右脚后。甲、乙二人向后转体，后拉敌手臂，使敌后倒成仰卧姿势，同时甲、乙二人松开圈臂之手，双手折卷敌手腕。

甲后撤左步，双手折敌左手腕；乙右膝跪压右肋，并用左手回拉其右手，右手推其右肘，将敌制服搜身。

［动作要点］蹬膝与击颌同时完成，砍颈与击腹同时完成；应注意甲、乙二人的动作同步，别拉双臂快、牢，后拉折腕及时、有力，双方配合默契。

6. 蹬膝击头绊腿

［准备姿势］敌自然站立或行走，我甲在敌左侧、乙在敌右侧，欲将敌制服。

［制服动作］甲起右脚，侧蹬敌左腿膝关节外侧，同时乙起左脚，侧蹬敌右腿膝关节外侧。甲右脚落步，右手挑敌左臂，左手握拳击敌左侧太阳穴；乙左脚落步，左手挑敌右手腕，右手成掌，推击敌右侧太阳穴。

甲右手臂由敌腋下穿过，圈抱住敌左臂，起左腿上顶敌腹部；同时乙右手按压敌后颈部，左手推敌右手腕，起右腿上顶敌腹部。

甲、乙二人顶胸腹之腿向敌双腿后上步，向后别绊敌双腿；甲、乙二人同时按压敌后颈，使敌下坐、低头，将敌制服搜身。

［动作要点］甲、乙二人同时起腿蹬膝，击头准，圈臂牢；顶胸腹与后绊腿连接快，应注意二人的配合协调性及动作准确性。

7. 圈臂拉颈折腕

［准备姿势］敌自然站立或行走，我甲在敌背后、乙在敌正前方，欲将敌制服。

［制服动作］甲向前上右步，右手成掌由左向右砍敌颈部左侧；同时乙上右步，右手成掌由左向右砍敌颈部右侧；甲起右腿蹬敌左膝窝，同时乙左手臂由敌左臂腋下穿过上挑并圈抱敌右臂，右手下拉敌后颈部。

甲右腿踩踏敌左膝窝，同时乙起右膝顶敌面部；甲右脚落步，而后右脚踩踏敌背部，同时乙右脚回落步，右手下压敌颈部。

敌被迫前倒成俯卧姿势，甲双手抓握住敌左关节，同时乙左手臂圈敌右手臂，右手折其手腕，右膝跪压敌颈部。

甲右脚向敌左脚内侧上步，双手将其左腿推按弯曲，而后左脚向敌左侧上步，骑坐在脚面上，将敌制服后搜身。

［动作要点］上步砍颈突然，圈臂牢，顶面有力；甲蹬背与乙拉颈同时完成，应注意甲、乙二人配合协调性及动作同步到位。

第六节　考评方法与考评标准

格斗考评分为专项功力和实战擒敌技术两个部分进行，总分为 100 分，每一部分各占总分的 50%。

一、格斗专项功力的考评方法与考核标准

格斗专项功力考核的目的是检测受训者对格斗基本技法的掌握情况，提高受训者的速度素质、力量素质、耐力素质、灵敏素质。训练击打擒拿的准确性，能使受训者更好地把握良好的对抗时机与距离。

1. **方法**

设置六个"假设敌击打点"，点与点之间的距离约为 1.5 米，受训者将掌握的踢、打、摔、拿等各种格斗实战技法，连续快速地一次循环完成六个点的击打或摔擒动作，动作可以自由组合，时间为 1 分 30 秒。

2. **击打器材**

固定假人、拳靶、脚靶。

3. 要求

每个点的拳法、腿法、摔法、擒拿技术必须做到快、准、狠、稳。练习时要求精神振奋、劲力充足、反应迅速。配合步法，点与点之间要连续快速。成绩评定时，按击打到目标的次数计算成绩，每准确、快速、有力击打到目标 1 次得 1 分，如击打目标不准或无力则不得分。90 分以上为优秀，80 分以上为良好，60 分以上为及格，60 分以下为不及格。

二、实战擒敌技术的考评方法与考核标准

实战擒敌技术考核主要考核的是受训者对动作用途的领悟能力，采用两人或多人对抗的形式，在实战中提高受训者的应变能力和适应能力。实战擒敌技术考核的目的是测试受训者对动作的熟练程度，这是提高格斗技术技能的重要手段。

1. 方法

两人或多人一组，针对某个或多个动作，让受训者用实战演练的方式把该动作的实战意义和用途表现出来。

2. 要求

受训者能真正领悟动作的攻防含义，在实战中能充分体现出该动作的作用。要求要领正确、有力、反应迅速，击打要准确、凶狠。

3. 评分标准

实战动作根据快、准、狠、稳、活五个方面评定成绩。敌情观念不强扣 5 分；反应迟钝扣 2～5 分；要领不正确扣 2～5 分；力量不够扣 3 分；慌乱、紧张扣 2～5 分；击打不准确扣 3～6 分；步伐乱、重心不稳扣 2～3 分。

（1）优秀：动作要领正确、凶狠、迅猛、有力，有出奇制胜的攻击效果。
（2）良好：动作要领正确、比较有力，攻击点基本正确，精神面貌较好。
（3）及格：动作要领基本正确，动作没有力度，不能做到快、准、狠。
（4）不及格：动作要领不正确，慌乱迟钝，达不到基本应用要求。

第二章　女子防身术

女子防身术是一项运用踢、打、摔、拿等武术技击方法，以制服对手、保护自己为目的的专门技术。防身术中的奇妙招法，实质上是中华武术的"集锦"。它把武术中各种适合实践应用的招法分离出来，经过摘编、加工、提炼、创造、完善，使其成为一种散招，并具备简单、实用、易记、易学的特点。

第一节　女子防身术基本功训练

一、女子防身术训练的目的和意义

女生通过了解和掌握一些女子防身术的巧招，以自己的智慧、胆量、秘技、巧招、猝然偷袭，可使困境迎刃而解，从而达到御敌防身之目的。因此，女生在训练中首先要战胜的不是对手，而是自己。因为人的性格有大胆与怯弱之别，性情上有勤奋与懒惰之分。而无论是前者还是后者，在训练中都要克服给自身肉体带来的疼痛、疲劳，甚至伤病的痛苦。只有具备坚韧和坚忍的精神，才有可能不断克服自身的软弱，达到新的境界。

在女子防身术训练中，帮助女生理解防身术的目的、任务和在社会生活中的意义与作用，懂得训练的基本原理，学会防身自卫所需要的基本技术、技能和训练的方法，尤为重要。女子防身术的训练内容主要是提供一些女子防身术的基本姿势、拳法、肘法、腿法以及一些巧招。动作以单一性动作为主，怎样合理地运用，需在训练中要求女生做到"一狠""二全力""三准确"。战胜歹徒讲究"一招制敌"。女子防身术训练的所有动作，都是以自己的防卫本能作为基础，然后才逐渐将其变为一种主观信念。

（一）提高女生自我防护能力

防身自卫术训练是为了减少或预防女生自身受到伤害而进行的训练。在部队训练中，防身自卫术训练主要是为了让女生提高自我防护能力、掌握攻击技能而进行的训练。

（二）促进女生心理素质的全面发展

出于生理特点的原因，女生在训练中首先要战胜的不是对手，而是自己。因此，接受防身自卫术训练，可提高女生心理素质。

（三）提高女生社会适应能力

随着社会的发展，女同志参与社会活动越来越多。在女子防身术训练中，帮助女生理解防身术的目的、任务和在社会生活中的意义与作用，懂得训练的基本原理，学会防身自卫所需要的基本技术、技能和训练的方法，加强女生的身体素质训练，显得尤为重要。

二、女子防身术的基本动作练习

女子防身术的一个特点就是重要关节武器化，虽然可以用来作为武器的身体部位也很多，形态也非常多样，但就其基本动作而言，仍不外乎拳、掌、肘、腿、膝、脚等基本部位的动作。只有熟练掌握这些部位使用的基本动作要领，并按正确的方法练习，才能在实践中得心应手，随机应变地使用。

（一）女子防身术的拳法

拳是各类技击术中应用最广泛、最灵活的一种，拳也是人主要的攻击武器。手是最灵活的，在攻防格斗中，手的威力又最大，而手的攻击形式以拳为主。女子防身术中常用的有直拳、勾拳、平拳、鞭拳等。每一种拳法的功能都不相同。

1. 直拳

顾名思义，直拳就是指用拳头的正面攻击对方，因此可变化成各种方式（左直拳、右直拳等）去应用。直拳的握法：伸出手掌，将拇指分开，把拇指以外的其余四指用力握紧，紧到使掌心的皮肉出现褶皱，然后将四个手指向内弯卷，再把拇指弯曲地贴紧食指和中指。直拳主要是直线用拳直接攻击对方面部和胸部（见图2-1）。

2. 勾拳

勾拳，又称抄拳，主要走弧线或直线，由下方用拳面击打对方腹部、下颌等（见图2-2）。

图2-1　直拳　　　　　　　　　图2-2　勾拳

3. 平拳

平拳是由上往下，以拳外背棱或指棱攻击对方面部的拳法（见图2-3）。平拳的握法：先按握正拳的姿势，然后把各掌指根的第一关节伸出来，拇指则是从第二关节处弯曲并紧紧靠近食指尖。平拳使用的部位主要是中指的第二关节，而将食指与无名指作为辅助部分。平拳较之正拳，增加了臂的攻击距离，但其力量也相对小一些。

4. 鞭拳

鞭拳是从左、右以拳背攻击对手头部的拳法（见图2-4）。

图2-3　平拳　　　　　　　　　图2-4　鞭拳

(二) 女子防身术的掌法

1. 龙爪

龙爪,即五指稍张开,第二、三节指骨稍弯曲,关节稍向上屈(见图2-5)。

2. 砍掌

砍掌的动作要领是:除拇指以外的四个手指全部伸直张开,而把拇指靠近食指(见图2-6)。手指常用的部位是小指侧的掌外沿,但是拇指要尽量从掌心向小指处弯曲,砍掌时主要是用小拇指掌根部位进攻。

3. 虎爪

虎爪,即五指用力张开,第二、三节指骨弯曲,节指骨尽量向手背的一面伸张,使掌心凸出(见图2-7)。

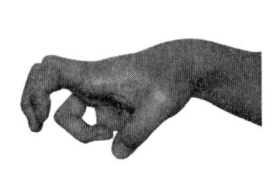 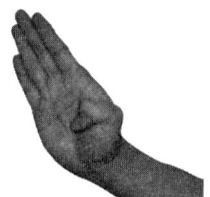 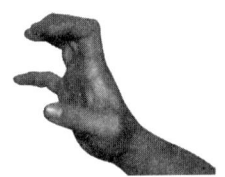

图2-5 龙爪　　　　　图2-6 砍掌　　　　　图2-7 虎爪

(三) 女子防身术的指法与肘法

教学中让学生懂得用拳攻击是自卫的一种方法。但拳是由手构建的。手和拳需要在实战中灵活变化运用。如手可变成虎爪、撮勾、单指、金剪指、双指、金铲指、倒夹等,可用来戳击对方眼睛、咽喉、腋下等要害部位。肘法属于近距离击打的技法。由于肘部的生理构造特点,击打力量较之其他手法(掌、拳等)要重、要狠,肘的使用威力很大,尤其是在贴身的近距离攻击中,肘的效力更易发挥。肘的使用部位是肘的骨尖部,当攻击前方目标时,拳头要贴在肩部,可以从后往前,也可以从下往上挑击,还可横击旁边或向后攻击后方,比较适合女性用于自卫。

1. 单指手

单指手，即使用食指或中指的前端攻击对方眼睛（见图 2-8）。

2. 金剪指

金剪指的手形为"二"，即二指之意，因此主要使用食指和中指的前端攻击对方双眼。此动作类似我国武术中的"二龙戏珠"（见图 2-9）。

图 2-8　单指手　　　　　　图 2-9　金剪指

3. 顶肘

肘部平抬，屈臂，肘尖向前，发力时蹬腿、送髋，同时另一只手大臂向另一侧产生一股伸张力（见图 2-10）。蹬腿、送髋、大臂猛伸张，三股力用好了，顶肘动作就完美了。顶肘是以肘尖攻击，女性自卫时用以顶击对方腋下，效果很好。顶肘发力距离短，又无旋转助力，练习时难度大些。

4. 挑肘

前臂回收弯曲，肘尖由下向前上挑击（见图 2-11）。发力时蹬腿、旋转身体要领同直拳、勾拳。挑臂动作同勾拳、顶肘，可用于击打对方胸、腹部。

5. 横肘

横肘动作主要是两股力，一是蹬腿，二是旋转身体。大臂向前横移，实际上也是旋身之力的延长（见图 2-12）。横肘是以肘尖击打对方，适于攻击对方太阳穴、后脑、耳门、颈部以及胸肋等。

图 2-10　顶肘　　　　图 2-11　挑肘　　　　图 2-12　横肘

6. 砸肘

手臂上抬，肘尖朝前上，砸击时身体迅速下沉，肘由上往下砸击（见图 2-13）。身体下沉与手臂砸击两股力合而为一。砸肘多用于对方抱腰、腿时砸击其后脑、腰部。

7. 反手顶肘

手臂略上抬，身体迅速下沉（但幅度没有砸肘大），同时两肘向后顶击，力达肘尖（见图 2-14）。顶肘主要用于攻击背后之敌肋、腹部。

8. 反手横肘

手臂平抬，蹬腿，身体旋转发力，同时手臂随旋转方向向后横向猛击，力达肘尖（见图 2-15）。反手横肘主要用于攻击背后之敌面部、太阳穴等。

图 2-13 砸肘　　　　图 2-14 反手顶肘　　　　图 2-15 反手横肘

（四）女子防身术的腿法与膝法

腿法可分为屈伸性腿法和直摆性腿法。直摆性腿法（如摆腿、后扫腿等）难度较大，未经长期特殊练习，不会有任何威力。考虑女生各方面的条件，还是用屈伸性腿法自卫比较合适。选用腿法有：蹬腿、弹腿、踹腿。用膝法攻击时，用力量极大的膝攻击对方裆部，可说是杀鸡用牛刀。以膝攻击裆部还有另外两个好处：一是距离短，这就保证了攻击可以在瞬间完成；二是角度小，攻击准备和攻击过程都可以很隐蔽。用膝攻击距离一定要近，因为用膝与用腿不同，膝的有效攻击距离必然比小腿的攻击距离要短，容易出现不到位或勉强到位的情况，对手稍微弯腰弓身即可化解。选用膝法有：提膝。

1. 蹬腿

蹬腿时，一腿支撑，一腿膝上抬，同时向前蹬出。蹬腿要领是脚尖要勾，力达脚跟（见图2－16）。蹬腿时身体不可前后俯仰，要脆快有力，蹬出后迅即收回。

2. 弹腿

弹腿时，一腿支撑，一腿提膝，同时膝关节由屈到伸，向正前方弹踢出腿。脚背绷直，力达脚背（见图2－17）。弹踢时要脆快有力。弹腿又可分为正弹腿、侧弹腿、低弹腿、中弹腿、高弹腿等。女性自卫一般多用正弹腿攻击裆部。

图2－16 蹬腿

图2－17 弹腿

3. 踹腿

踹腿可分为正踹、侧踹。正踹时，一腿支撑，一腿提膝稍上抬，上抬之腿脚尖外摆，向前下方猛力踹击，力达脚跟（见图2－18）。正踹腿一般用于攻击对手胫骨（小腿骨）。

4. 提膝

提膝又称顶膝，要领是膝腿上抬，动作要猛，并以双手拉住对方帮助发力（见图2－19）。提膝是女性用以攻击的利器。提膝时可用手帮助发力。

图2－18 踹腿

图2－19 提膝

（五）头部攻击法

以额头为武器攻击对手，在武术中被称为头锋。头部虽然最多要害薄弱部位，但头部也有坚实的区域，这就是前额。徒手对前额的攻击，如无特殊功力，一般都是攻击一方受伤。而以头锋击人，则颇见威力。

头锋攻击，主要用于撞击对手面部和胸部，一般而言，撞击面部效果较好。撞击面部要瞄准鼻梁处三角区，千万不能撞在对方前额上，形成互伤（见图2-20）。

图2-20 头锋攻击

（六）女子防身术站法

女子防身术中的不同站法是根据进攻或防守的不同目的而决定的，它们的姿势正确与否，直接关系到下一动作的连续与完成，因此，必须严格按照要求练习。

三、女子防身术的实战动作

侧身是女子自卫与遭遇其他不测时必须注意的。道理很简单，只有侧身，才可能尽量少地暴露易遭攻击的部位。在立正的基础上，身体稍向左转，同时右脚向右撤一步，两脚略成"八字步"，屈膝，重心偏右；右手握拳，屈肘左掌前伸，约与肩同高，右拳置于右腮前约10厘米处，拳眼向内，目视左掌方向（见图2-21）。

（一）弓步插掌

图2-21 女子防身术预备姿势

右转身，左手掌里拨，掌心向下（见图2-22（1））；左手掌变拳收于左腮前，同时左转身成实战步，右拳由右腮前向前旋转冲出，成插掌，目视前方（见图2-22（2））。

［用途］击面、胸或腰部。

图 2-22　弓步插掌

（二）护胸弹踢

右插掌屈肘收回置于右胸前，与下颌同高，两拳与肩同宽，拳心相对，同时抬右腿，大腿略平，脚尖向下绷直；右脚向前弹踢并迅速收回，目视前方（见图 2-23）。

［用途］护胸，弹裆或下腹部。

图 2-23　护胸弹踢

（三）反弹直击

左转身，右脚向前上步成弓步，同时右拳由下向前上反弹，拳心向内（见图 2-24（1））；身体稍向右转，左拳猛力向前击打，约与肩同高，右拳上移护于右腮前，目视右前方（见图 2-24（2））。

［用途］弹面、击头。

(1)　　　　　　　　　(2)

图 2-24　反弹直击

（四）挑拨砍颈

左腿上步，双手变掌向外上格（见图 2-25）；同时右脚迅速向前一步，重心偏于右脚，双掌向内猛力砍击，目视前方。

［用途］外格，砍颈部。

（五）挂颈顶膝

身体右转，重心前移，双掌变拳迅速下拉，同时抬左腿、屈膝，猛力向前上方顶出，目视顶膝方向（见图 2-26）。

［用途］膝顶裆部或腰部。

图 2-25　挑拨砍颈

(1)　　　　　　　　　(2)

图 2-26　挂颈顶膝

第二章 女子防身术

（六）盖步击肘

左脚落地的同时身体稍向左转，右手握拳，右肘向左猛力击打，左手变掌贴与右拳面，置于腹前。成左实战步，目视肘击方向（见图 2-27）。

［用途］击头部、太阳穴。

（七）勾踢侧劈

身体左转，重心左移，右腿提膝，小腿后收，由后向前勾踢；同时双手变掌，向右侧前砍劈，左手变立掌护于右胸前，右掌微屈肘，掌根向前，掌心向下，目视勾踢方向（见图 2-28）。

［用途］勾踢脚跟或脚踝部，掌砍面部、喉部、胸部。

图 2-27 盖步击肘　　图 2-28 勾踢侧劈

（八）弓步顶肘

右脚上步成右弓步的同时，左手压右肩，右手后摆；左转身成左弓步，同时右手屈肘由后向左横击，上臂与肩同高，前臂略平，拳心向下；右转身成弓步，同时右肘向右顶出，右臂与肩同高，目视左手方向（见图 2-29）。

［用途］肘顶头部或肋部。

图 2-29 弓步顶肘

（九）转身砍掌

身体左后转，身体重心向左前移，成马步，左手握拳上挡，同时右手内收变掌，向左前猛力砍出，与头同高，左右拳收于左腮部，目视前方，成实战步

（见图2-30）。

［用途］护头，砍脖。

图2-30 转身砍掌

（十）双勾后击

左转身，两拳后摆，左脚向前上步成左弓步，同时两拳由后向前上勾击；拳心向里，拳与下颌同高，两拳与肩同宽（见图2-31（1））；右脚踏步，左脚稍离地，重心在后，两前臂胸前交叉，再外张屈肘，拳与肩同高（见图2-31（2））；两拳变勾手，由肩上勾击再向下、向后击出，肘伸直，上臂夹紧（见图2-31（3））。

［用途］上勾击双眼，两肘外张破后抱腰，下勾手击裆。

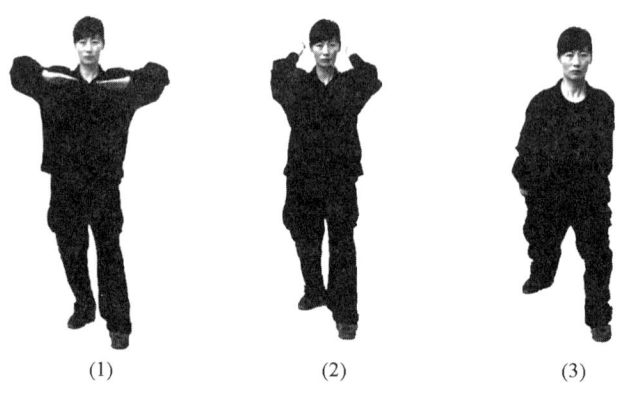

图2-31 双勾后击

（十一）弹面击裆

右脚迅速向前上步，重心偏于右脚，左手胸前下按，右手变拳由下向上弹击，拳心向内力达拳背击打面部，身体左转成马步，同时左手变掌护于右胸前

(见图2-32（1））；右拳迅速向下摆击，击打裆部或腹部，拳眼向内，目视右拳（见图2-32（2））。

［用途］弹面，击裆。

图2-32　弹面击裆

（十二）外拨插眼

上右脚的同时，左手由下向上、由内向外拨挡，变拳收于右腮部，拳心向内；右手成掌收于腰间，由后向前上变金剪指插出，与眼同高，成实战步（见图2-33）。

［用途］左手外拨，双指插眼。

图2-33　外拨插眼

（十三）侧踹横击

起右脚向前下猛力侧踹，左脚支撑，拳心相对（见图2-34（1））；右脚落地，重心前移，同时右拳向内横击、拳心向下，拳眼向内约与胸同高，左手变掌屈肘护于右胸前，成右弓步（见图2-34（2））。

［用途］踹膝，击头、太阳穴。

图 2-34　侧踹横击

（十四）内拨掏裆

上左脚的同时左手前伸变掌由内向外拨打，右拳自然后摆变爪（见图 2-35（1））；左转身成跪步的同时，左手上挡，掌心向上，右爪由后向前掏抓裆部，手心向上，目视右爪（见图 2-35（2））。

［用途］拨打，掏裆。

图 2-35　内拨掏裆

（十五）上架弹踢

右脚蹬起，成左弓步，同时两手由身体两侧变掌向上架格与眼同高，右手掌在外、掌心向左，左手掌在内、掌心向右，目视前方（见图 2-36（1））；重心前移，右脚猛力向前弹踢，左右掌收回，变拳置于胸前，右拳在前，拳眼向上，目视前方（见图 2-36（2））。

［用途］护头、胸，弹踢裆或腹部。

图 2-36 上架弹踢

（十六）挑掌别臂

右脚落地，右手变掌由下向上挑，成右弓步（见图 2-37（1））；同时左手迅速抓握右手腕，左后转身，向前下别臂（见图 2-37（2））；右手变拳置于右腹前，拳眼向内，成左弓步，目视右拳（见图 2-37（3））。

[用途] 挑臂别压。

图 2-37 挑掌别臂

[结束姿势] 重心左移，收右脚并步，同时两手回收抱拳于腰间，放下，成立正姿势（见图 2-38）。

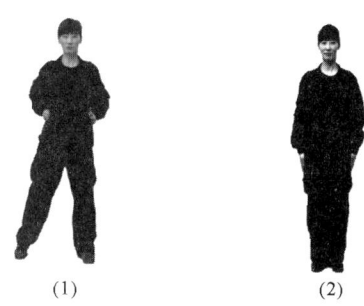

图 2-38 结束姿势

第二节 女子防身术的基本战术

以下各种手、腿的攻击技术都是跆拳道中最基本的技术。但是，只有练好这些基本技术，才能为以后掌握更高难度的动作打好基础，所以必须认真揣摩研究，打下扎实的功底。

一、女子防身术的主动攻击技术

使用掌、爪攻击面部、眼睛的技法，张开手掌，以掌根猛击歹徒鼻梁，轻则使其鼻血长流，重则可致其昏厥。这一掌在武术中叫迎面掌（见图2-39）。迎面掌到位后，张开的五指以指甲贴其面抓下，武术中这一招叫"迎面贴金"，又叫"洗脸炮"。轻则抓破眼睑，泪流不止，眼睛睁不开，重则伤及眼球。这一招虽不致命，但使用方便，乘歹徒一时丧失施暴能力，自卫者可及时逃脱。以一指或二指插眼的方法在武术中叫"单放""双放"或"二龙戏珠"（见图2-40）。在被歹徒按压时，因为距离极近，歹徒又不防范，使用单指插眼、双指插眼的技法是非常有效的。事实上，只要能插中歹徒眼睛，并不拘泥于用单指还是双指，用五指亦可，用双手双指亦可。前提是要视使用的熟练程度和当时两手自如情况而定。用大拇指勾托住对手下巴，以食指、中指尖攻击对手眼球上部，致其失明，是峨眉派僧门绝技，称为"鸿门设宴"。使用此招的前提是：暂时封住对方双手，最好利用地形环境等使其身体被控制住，使其双手不能自救，身体不能脱逃，头部被大拇指固定跟随。采用坐姿时，被抓、被抱，甚至主动攻击，这些招法都可以使用；站姿时，只要高差不大，不至于够不到歹徒面门，也可以使用。

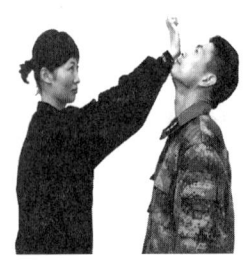 

图2-39 迎面掌　　　　图2-40 "二龙戏珠"

二、女子防身术的防守反击技术

（一）仰卧被按压时可采用的技法

倒地后成仰卧姿势，被歹徒按压。这时歹徒可能站着，可能跪着，可能坐着，可能趴着，可能骑在仰卧者身上，也可能卧靠在旁边，仅以上身压着仰卧者；可能抓领，可能抓肩，可能搂脖，也可能掐喉。但是不管处于上述哪种情况，都要尽可能地采取攻其要害、一招制敌的抬腿蹬击裆部方法。这时可能采取的直接攻击的方法有：

（1）如对方是分跨于仰卧者身体站立，而俯身抓、掐、压制仰卧者，仰卧者可抬腿蹬击其裆部（见图2-41）。要领是，抬起腰、臀，用出将身体送出去的力量猛蹬。

（2）如对方手肘抬起，露出腋下，可用掌夹、凤眼捶、勾手等猛击其腋窝（见图2-42）。

图2-41　蹬其裆部　　　　　　　图2-42　击其腋窝

（3）直接抬收腿，以脚掌猛踹对方裆部，有意想不到的效果，因为这时距离很近（见图2-43）。

（4）如果手臂未被压住，对方的手臂又未形成阻隔（多在抱胸、腰时），可用肘尖横击其太阳穴（见图2-44）。要点是，用上腰腹之力、旋臂之力。

图2-43　踹其裆部　　　　　　　图2-44　击其太阳穴

（5）如歹徒强行亲吻仰卧者，可抓住机会咬其鼻尖或舌尖。但要注意的是，被咬伤后的歹徒可能更丧心病狂。因此要在狠咬之后，趁其负痛一时失智的机会，连续进攻，再对其要害部位实施攻击。

（6）以后脑上方撞其鼻梁，后仰头要猛（见图2-45）。

图2-45 击其鼻梁

（二）被抱时可采用的技法

1. 正面被抱腰时肘击太阳穴最为便捷

正面被对手抱腰，但手臂未同时被抱住，是以肘部攻击对方太阳穴的最好时机。一旦歹徒双手抱住你的腰，他的头部就全部暴露而失去防护了。这时，你可以佯装拒绝他的亲吻等，使上身后仰，造成攻击距离。接着猛然收腹、旋身、挥臂，以肘部猛击其太阳穴。以肘攻击歹徒太阳穴最好采用连续攻击法，一气呵成。

2. 正面被抱腰时攻击其眼睛、喉部，折其手指

正面被抱腰时因为手臂未被抱住，所以这时可以采用插眼、戳喉等方法。如果只求解脱，可采用折手指技法（见图2-46）。

3. 背后被抱时对付技法

（1）后腰被抱。抬手以反手横肘向后猛击对方太阳穴，当然别忘了蹬腿，身体旋转发力，力达肘尖。反方向折其拇指或小指（见图2-47）。以脚跟猛踩其脚面（见图2-48）。

图2-46 折手指技法（正面被抱）　　图2-47 反方向折其手指（背后被抱）

（2）连手臂后腰被抱。被抱者可伸手抓、握、提对方的裆部。因对方注意力在上部，很有隐蔽性，成功可能性很大。需要注意的是，反手掏出，务必要准确。如果歹徒抱住的是腰际，那么歹徒必然弯腰，头较低，这时可猛仰头以后脑击其面部（见图2-49）。

图2-48 跺其脚面

图2-49 击其面部

（三）头发被抓扯时可采用的技法

当女子被人从正前方抓住头发往前拖扯时，切勿与抓扯者的抓扯力相抗，以免头皮受伤。抓扯者拖带一般朝向下前方，女子的头不能抬起，头、眼也朝着这个方向。外行抓扯人一般都是身内拖带，因此裆部要害部位便全部暴露，并正处于被抓扯者面对的方向。这时，应趁被抓扯俯身向前窜而站立不稳之机，借着抓拉之力和惯性，以拳、掌或虎爪击打歹徒裆部（见图2-50）。尤其要注意的是，很多人抓

图2-50 击打裆部

扯别人头发都有抓住前后推拉的习惯。在他推时，应顺其力后仰或后退，以免受伤；在他拉时，则借其力以拳、掌或成虎爪攻击。千万不要和歹徒硬抗是关键。

当女子侧立被人扯拖头发时，可顺其力侧身弯腰靠近对方，顺势发撩掌击其裆部，然后以手抓握其裆。歹徒有时会揪住女子头发拖着往前走，这时女子是在歹徒的背侧位置，头已过其肘前，身在其肩后。此时应以手掌自歹徒后裆猛地插入，使用掏裆法。一只手掏裆时，另一只手抓抱其腰胯配合发力。

头发被抓时抱住对方，可用一手掌心向上，四指直插进软肋（肋骨下），扣住肋骨往上扯，对方痛极自然会松手；或双手叠压于对方抓发之手背部，上体前倾弯腰下压或击打对方肘部曲池穴等，对手也会松手。但这些方法都是解脱之法而非致命之法。

第三节　女子防身术的教学训练

一、女子防身术的教学方法

(一) 领做

1. 领做的意义

领做是示范性带领着练习者做动作，是女子防身术教学方法的主要手段，能否教会、教好，领做是关键。因此，教练在课堂上，要运用各种方法完成领做这一重要环节。这是贯彻直观性教学原则的有效手段。

2. 领做的要求

(1) 技术动作要规范：领做时，教练的动作必须准确、完整、有力、规范，使练习者通过直观的感性认识来获得正确的动作概貌。

(2) 选择恰当的领做位置：一个排或连队进行教学时，队伍散开的面较宽，选择站的位置要使队伍前后、左右的人都能看得清、听得到。一般站在与队列成正三角形的顶角上，这样能使教学产生较好的效果。但是，领做的位置不要一直固定不变，要根据动作的移动方向和队伍的移动位置变化而变化，这样才能收到更好的效果。

(3) 领做要做到耐心、热情：由于每个人的身体素质、领会能力都有一定的差异，有的人模仿几遍就能学会，有的人模仿多遍仍不会，教练一定要耐心、热情，多鼓励、表扬，做到因人而异，因材施教。

(二) 完整教学法和分解教学法

女子防身术是由不同的单个动作组成的套路，每个动作都是独立的，有简有繁，有易有难。所以教学时，根据动作特点和对象，分别采用完整或分解的教学方法，能收到良好的教学效果。

完整教学法便于了解动作全貌，形成完整概念，一气呵成地掌握动作整体。分解教学法便于了解动作的细节、动作的方向路线，可更好地掌握动作的完整性。

分解教学时，不要把动作分解过细、过碎，要尽快向完整教学过渡，分解教学和完整教学要有机结合起来，一般应遵循完整—分解—完整的原则，即教完整动作概貌，再分解动作细节和方向路线，然后再完整掌握动作。

（三）讲解和示范

讲解示范是形成正确动作要领的重要教学方法，讲解语言要准确精练、重点突出、层次分明、通俗易懂。

讲解的主要内容有：

（1）讲解动作名称和动作要领。动作方向路线的全过程，使练习者明确动作的正确规格。

（2）讲解动作易犯的错误。可用正误对比的方法，区别正误动作的不同点，提醒和预防可能发生的错误。

（3）讲解动作的攻防含义。解释和明确动作的实用意义，有助于练习者准确地理解和掌握技术动作，提高学习的积极性。讲解攻防含义时，要掌握时机，善于诱导。

（4）讲解带规律性的基本技法。如：向前冲拳时，小臂内旋，拳背或拳眼一定是朝上，拳背要平，眼睛向冲击方向注视；收拳抱于腰间时，也是拳心朝上；冲拳时总是拳不过肩，拳走直线，击打一点。

讲解的方法有：

（1）形象化：如把准备姿势形象地比喻为像拉出决战架势，毫不畏惧，战必胜，与对方拼搏的英勇姿态。

（2）口诀化：如把"弓步冲拳"的要领编成"前腿弓，后腿绷，莫晃动，拳前冲"的口诀。

示范是通过直观的感性认识来获得正确的动作概念，因此，示范动作除要做到准确熟练、节奏分明、刚劲有力、连贯协调、精神振奋之外，还要注意选择好示范的位置和方法。

（1）示范的位置

示范的位置可站在横队的等边三角形的顶点处。如果是三列横队，第一列可坐下，第二列蹲下。若四列横队，可让前两列向后转，中间留一定的空地，站在两列横队中间示范。

（2）示范面的运用

示范一般正面（即面向练习者）示范最好。如果示范领做，则背面示范为佳，和练习者同方向，便于练习者模仿。根据动作的结构和方向路线，示范领做时也可采用侧面或斜面示范的方法。

示范和讲解,两者应结合起来运用,有时可先示范领做后讲解,或先讲解后示范领做,一般是采用边示范领做边讲解的方法。

二、女子防身术的训练手段

(一) 女子防身术的实施方法

当初步掌握动作要领或套路后,要有目的地组织指导、复习、巩固,主要参照以下训练方法实施:

(1) 集体操练、口令指挥;
(2) 分班操练;
(3) 个人体会和互助互学;
(4) 小型评比;
(5) 纠正错误。

(二) 女子防身术的训练法

从掌握动作要领或套路阶段,到动作的熟练应用阶段,要按照动作技能形成规律,有针对性地组织动作泛化到分化,再到融会贯通的过程。可采用的训练法有:

(1) 重复训练法;
(2) 间歇训练法;
(3) 强化训练法;
(4) 激励训练法。

三、女子防身术教学训练组织实施应注意的问题

教学训练一般人数多、时间少,因此,组织教学时应注意几个问题。

(一) 培养骨干

课前应先培养骨干或体育积极分子,让他们先学会教材动作,便于在分班操练中协助辅导,帮助纠正动作,起到助手作用。

（二）教学搭配

学习基本功要上下肢动作搭配，即拳法、腿法并进。学习套路时既有新内容，又复习旧动作，使每堂课既有新内容，又有复习巩固的内容。此外，在适当时候还应穿插一些辅助性练习，避免单调、枯燥。

第三章 飞刀技术

虽然冷兵器时代早已过去，但作战中近距离持刀搏斗永远不会淘汰。飞刀技术作为近距离作战中的一项实用技能，其隐蔽突然、命中率高、杀伤力大等特点，使其在近距离作战中仍占有重要的一席之地。

第一节 飞刀技术概述

一、飞刀技术简介

飞刀作为近距离作战武器，是战斗至最后的撒手锏。据说美国的精锐部队中流传着这样一句名言："One knife, one life"，有人直译为"一把刀，一条命"，意译可理解为"好刀伴一生"。一把好刀的重要性不言而喻，而飞刀技术作为刀的一种实战用法，更是被各国精锐部队所重视。

飞刀，在古代通常作为一种暗杀武器，刀形分单刃、双刃两种，以纯钢打制而成，长约20厘米，重约0.5千克。刀柄末端系有红绿绸条，各长6厘米。单刃飞刀形似普通单刀；双刃飞刀形似柳叶，刀身上锐刃薄如纸，因此，亦称柳叶飞刀，是一种体型较小的刀。其中，双刃飞刀两面有刃，两面正中各有刀脊，脊厚约1.3厘米。近代以来飞刀多用于军事场合。

投掷飞刀时所采用的技术称为飞刀技术，是一种非常特殊的用刀方法，要求飞刀手具有高超的技巧。飞刀技术采用的方法主要有直飞和旋飞两种。所谓直飞，是指握把出手，出手到上靶刀尖在90度内旋转，发力一般分甩臂或抖腕两种：甩臂动作比较大，刀离手因距离不同，手腕和手臂会形成不同角度；抖腕动作小，以小臂和手腕形成寸劲，以食指滑按刀背来控制出手，在距离上没有限制，视个人能力而定。而所谓旋飞，则是手握刀尖，旋飞半圈或者几圈后刀尖插中目标。距离少于5米、半圈上靶的叫指控旋飞；距离超过5米、旋转几圈上靶的叫自由旋飞。不论哪种手法都需要大量的训练。

二、飞刀技术的特点

飞刀是在近距离作战中，以投掷的方法杀伤敌人的一种冷兵器，通常指便于携带、投掷的各种刀具。在作战中使用飞刀技术具有以下特点：

（1）隐蔽突然。由于飞刀主要用于近距离歼敌或自卫，因此，通常在隐蔽、狭窄的地形上和敌人突然遭遇时使用，以致攻击具有很强的隐蔽性和不可预测性，往往能达到出其不意和攻其不备的效果。

（2）命中率高。飞刀作为一种轻便易携的近战武器，使用的距离通常在2～10米范围，该距离非常便于飞刀手瞄准投掷目标，即便普通人在经过一两周的专业训练后，也能快速掌握其动作要领，且能拥有极高的命中率。

（3）杀伤力大。在近距离作战中投掷飞刀，若命中头部、颈部、裆部等人体重要部位，将给予敌人致命伤害。即使未命中致命部位，也能对其造成严重的伤害，使敌人在短时间内惊慌失措，从而留有足够时间撤退，或继续靠近他给予其致命一击。

第二节　飞刀技术训练原则及训练步骤

一、飞刀技术训练原则

在练习飞刀时，我们始终要遵循以下四项基本原则。

（一）充分利用一切可以利用的手段

当我们在战场上需要运用飞刀时，我们的生命多半已处于危险之中，因此，我们可以利用一切可以利用的工具、手段，如格斗刀具、工兵锹、锒子等，哪怕是一根木棍、一个石块，将敌制服。如果实在无器具或来不及，我们还可以假装投掷东西，使敌人退缩或遮护。如果敌人上当，则可趁其迷茫之机向其迅猛攻击，并将其制服。

（二）以最大的力量将飞刀投出，击打敌人

在搏斗中，以最大的力量攻击敌人最弱点这一作战原则同样也适用于飞刀技术。因为在多数情况下，我们并不是打不到目标，而是力量过小，伤不了目标。在实战中，我们运用最大的力量投出飞刀，即使飞刀不能将敌人制服，但沉重的一击敌人也受不了。

（三）要始终保持身体平衡

保持自身的平衡，而使敌人失去平衡，是格斗中克敌制胜的一个重要因素，飞刀也不例外。所谓平衡，就是人体在空间保持相对地静止。另外，平衡能力亦是一种随时控制身体重心位置的能力，飞刀出手后，我们往往要马上准备补杀，以防敌人的反扑或求救。如果我们无法在任何时候保持平衡，所施任何击技则绝无成效可言。

（四）注重准确与速度

当我们与敌人相遇，往往很少有时间停下来进行思考，所以飞刀技术必须达到自动化程度。因此飞刀技术十分讲究命中率，要求在准确掌握的基础上，通过不断练习来提高动作速度，增强技术的杀伤力、破坏力与威胁力。

二、飞刀技术的训练步骤

飞刀技术是一项难度系数很高的特种技能，它的学习过程是一个由生到熟、由熟到巧的不断提高的过程。其大致可分为四个阶段。

（一）第一阶段，熟悉基础理论阶段

要了解飞刀技术的特点、作用、应用的基本原则及时机，并熟悉人体的各要害部位的位置、功能及弱点，以便在实战中准确地打击敌人。

（二）第二阶段，基本素质训练阶段

要学好飞刀技术，首先要练好素质，也就是通过各种训练手段，来增强飞刀技术所需要的基本力量、速度、灵活、协调性和柔韧性。与此同时，还需培养练习者的实战心理素质，为飞刀技术的正常发挥打下良好基础。

（三）第三阶段，基本技术训练阶段

这个阶段是较全面地学习飞刀技术，无论是从握法、投法还是调整上。要熟练地掌握在各种情况下运用飞刀技术克敌制胜的方法，同时进一步锻炼受训者的胆量及实战心理。并且，还要有针对性地培养处理突发事件的能力，以促进积极思维，提高战术水平。

（四）第四阶段，实战演练训练阶段

所谓的实战演练训练，是将所学的基本功、基本技术在实战演练中综合地加以运用，即通过训练，锻炼灵活运用各种实战技术的能力，增加耐力，并培养战术意识，丰富实战经验。该阶段是攻防技能提高的重要时期，通过前三个阶段的训练，教练员要根据练习者的素质、技术等各方面情况，培养其发展方向。

以上四个阶段不是截然分开的，它们之间既有联系又有区别，可根据实际情况有的放矢，使练习者的飞刀技术稳步地进入到高一级的水平。

第三节 飞刀的选择与刀靶的制作

一、选择飞刀

选择确定飞刀是练习飞刀技术的基础环节，选择相对规范、便于使用的飞刀，可使练习者在练习阶段少走弯路，快速提高技艺。

练习时使用的飞刀，原则上没有固定的刀型，但对于刀的重量、结构、长度有基本的要求。初期练习时应固定一种刀型，经过一段时间练习，掌握了一定的飞刀技能后，再逐步选用不同的刀型进行练习。

（一）重量

一般来说，飞刀越重越容易投掷，但是这有个限度。投掷比你最喜欢的重量轻或重的刀子都会降低你的准确度。另外，当你在室外投掷飞刀时，重量就显得很重要了。在室内经过充分的练习，你可以将飞刀钉到靶子上；而在室外，即使是微风都有可能改变它的轨迹。但是对于重一点的飞刀来说，受外界的影响就很小。需强调的是,刀子的重量对飞行轨迹没有影响。

(二) 长度

通常应选择长度在 20~30 厘米之间的刀为宜,刀的最佳长度应在 25 厘米左右。如果刀过长,则不便于携带和投掷;刀过短会使刀的重量减轻,因而减小飞刀的杀伤力和降低投掷的准确性。

(三) 材质

制作飞刀的材质也非常重要。不但要求具有一定的硬度,而且还要有韧性。有硬度的刀杀伤力强,韧性好的刀使用时间较长,不容易损坏。

(四) 重心

在练习飞刀的过程中,最重要的是在投掷时控制好飞刀的重心。只有很好地控制飞刀的重心才能保证命中目标。因此,一把飞刀的重心在刀身的什么位置就显得至关重要。初学者一定要选择一把合适的刀,以快速提高自己的技艺。不同类型的飞刀,其重心会有很大的差异。重心在刀身的中部靠后位置比较适合初学者进行练习。

(五) 构造

刀身的结构最好是一体的。不要带多余的附属结构。如刀柄上附有不同的材质,这样的刀虽然美观,但在投掷时经不住碰撞,附着在刀柄表面的材质一旦脱落,就会使刀的重心发生改变,从而影响命中目标。飞刀的结构要以实用为主,不求美观,但求牢固。

通常使用的刀有以下两种,其特点各不相同。

1. 刀身成一体

这是专门设计用于投掷的刀子(见图 3-1)。刀身没有装饰结构,重心靠前,结构对称。此刀的特点是坚固耐用,不易损坏,刀在空中飞行时平衡性好,重心容易控制。

图 3-1 刀身成一体

2. 制式匕首

制式匕首（见图3-2）的刀身较重，重心靠近刀身的中后位置，材质较好。此刀的特点是刺中目标后杀伤力较大，但由于刀身较重，在投出时需要有足够的力量。

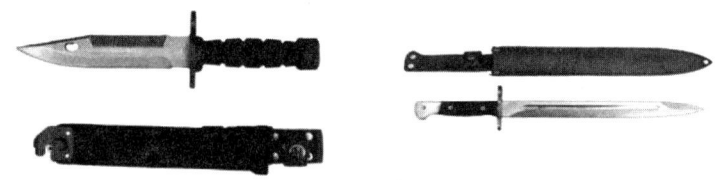

图3-2 制式匕首

飞刀在使用过程中应注意以下几点：

（1）飞刀在用完之后一定要擦拭，去掉表面的污垢，之后再涂一层油，防止刀面生锈。

（2）在房间内练习时，一定要在靶子背后放一层保护物。防止飞刀脱靶后直接撞到墙上，造成损坏。

（3）飞刀尽量少扎树木等带有汁液的目标，这样不利于飞刀的保养，同时有损绿化。

二、制作刀靶

形状不同的靶子用于不同的练习目的，可收到不同的练习效果。为了达到特定的训练效果，在不同的练习阶段要使用不同的靶子，这是练习飞刀的基本规律，也是提高飞刀技艺必须把握的原则之一。

对刀靶的基本要求是：材料的表面要平整，质地尖软硬适中，厚度在5～10厘米为宜。使用质地过硬或不平整的靶子进行练习时，出现刀身反弹的概率较大，易造成自伤，故不可取；靶子过薄则其耐用性差。木靶就很好，但是木头必须足够软以避免损伤飞刀。松木是比较理想的材料，容易得到并且相对比较便宜。松木板不会损坏不锈钢飞刀，但是必须避开疤节。有的飞刀是用软钢制作的，如果插入角度不正确，刀尖插入木头停了下来而刀把仍以高速移动，结果刀尖就会变弯，这时可以用锤子快速轻轻地将它敲直。有时刀刃会向侧面弯曲，你可以用手把它弄直，但是最终刀子会断掉。

刀子沿纹路插入木板比横纹要稍微深一些。这就像空手道中徒手打断木板是沿纹路而不是横穿纹路。大多数时候，刀子将斜插在木板上。因此，刀子会切过纹路而不是"推"开纹路，因此在靶子的制作上要注意这一点。

下面是几种基本的练习用靶：

（1）方形靶：长度、宽度各为50厘米。练习时，靶子的中心位置要与练习者的肩部同高。方形靶适于初练者使用，主要练习目的是掌握对面状目标的命中方法。

（2）条形靶：长度为50～100厘米，宽度为25～50厘米，分为横向条形靶与纵向条形靶。横向条形靶的作用是练习掌握飞刀命中横向线型目标的准确度；纵向条形靶的作用是练习掌握飞刀命中纵向线型目标的准确度。

（3）环形靶：直径为30厘米，靶面画环形线。由于使用飞刀攻击目标的部位多为点状，因此在练习到一定阶段后，需要提高飞刀命中目标的精确度。环形靶主要用于练习飞刀的精确度。

（4）人形靶：人形靶分为侧面人形靶和正面人形靶。人形靶是为练习命中不同部位、提高实战技能而准备的。

（5）活动靶：在人形靶的基础上，运用简单的机械原理使人形靶运动起来，然后再进行攻击练习。这样可以使练习者提高攻击运动目标的能力，进一步提高飞刀技能，它是飞刀练习的高级阶段。

靶子的使用应注意：防止受潮、腐烂；木靶要专物专用，在表面扎烂以后要及时更换表面，防止木靶表面坑坑洼洼，损伤飞刀。

第四节　人体要害部位

人体受到外力打击或压迫，易造成伤残、昏迷或死亡的部位称为要害部位。了解和熟悉人体要害部位的机能，是飞刀技术中不可缺少的内容之一。人体任何要害部位受到打击时，就会感到疼痛难忍，甚至丧失生命。因此，掌握人体要害部位（见图3-3）的生理机能，以便在对敌格斗中准确地攻击其要害，制服敌人，保护自己，是十分重要的。

第三章 飞刀技术

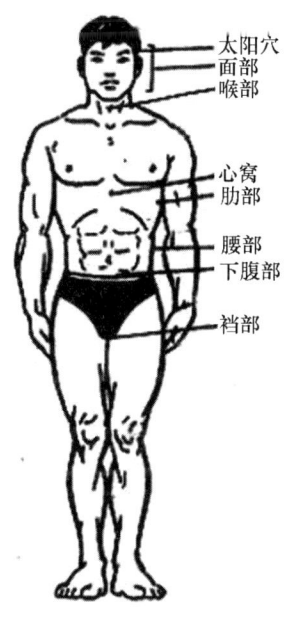

图3-3 人体要害部位

一、头部

头部是人的中枢，有听、视、嗅觉以及大脑、小脑等重要器官，直接控制和影响人体各部位的姿态。其要害有太阳穴、面部。头部如受到打击，将致人昏迷，甚至死亡。

（一）太阳穴

太阳穴在耳廓前面，前额两侧，外眼角延长线的上方。太阳穴在中医经络学上被称为"经外奇穴"，也是最早被各家武术拳谱列为要害部位的"死穴"之一。少林拳中记载，太阳穴一经点中"轻则昏厥，重则殒命"。现代医学证明，打击太阳穴，将造成脑震荡，使人意识丧失，或致人死。

（二）面部

面部要害主要为鼻和三角区。外鼻位于颜面中央，是由骨和软骨构成的骨性结构。面三角区是指面部鼻根以下，鼻尖以上，鼻两侧至嘴角外的三角区域。打击鼻、面三角区，不仅会直接损伤鼻骨，而且可能危及生命。

二、喉部

喉部包括呼吸道和食道，两侧附有颈动脉血管。如用力卡压，就会使人头昏，四肢无力，甚至死亡。

在颈部前面，两锁骨内侧、胸骨柄上缘有一个凹陷，凹陷内有下行的无名静脉、气管、食管以及膈神经和迷走神经分支。气管位于皮下最表层。这一凹陷部位通常被俗称为咽喉，在中医经络学上又被称为"天突穴"。"天突穴"自古被视为要害部位，少林拳法中还传有"二捅天突穴，锁喉致昏哑"的技击歌诀。

打击或掐拿天突穴，一般不会造成致命的后果，但如果咽喉被刺破，则会造成严重的血胸和纵隔气肿，使大量血液流入胸腔，并使纵隔和颈部皮下发生气肿。血胸和纵隔气肿会压迫肺脏和心脏，从而在短时间使人死亡。

三、上体要害

（一）胸部

胸的上界为颈部下界，下界为骨性胸廓下口，外界为三角肌前后缘，是人体第二大体腔局部。该局部分为胸腔和胸腔内容两部分。胸腔又分为胸壁和膈。胸壁借腋前、后线又分为前壁、侧壁和后壁，其中后壁称背部，属脊柱区内容。胸腔内容又分为中间的纵隔和两侧的肺及胸膜。这些部位非常脆弱，如受到打击或压迫，就会感到疼痛难忍，失去正常功能。

（二）腹部

腹部的要害主要集中在上腹部。在上腹部中区，胸骨剑突以下，两侧肋弓由上向下、由内向外斜行，形成了一个以两侧肋骨边缘为界、下口开放的三角区。这一三角区被称为胸骨下角或腹上角，通常又被俗称为心窝或心口。成年人的胸骨下角一般为直角，矮胖者常为钝角，瘦长者常为锐角。

腹前心窝处自古被人视为要害部位。中国民间点穴把胸骨剑突下称为"黑虎偷心穴"，再向下为经络之上的"巨照穴"。这两个穴位在技击点穴中被当作"死穴"，认为用力打击可以致命。

腹部神经极其丰富。腹壁的神经分布与腹膜神经及腹腔脏器神经有着密切的联系。由于腹腔内脏器众多，腹腔的神经分布尤为丰富。支配各脏器的交感神经和副交感神经，彼此交错成神经网络，在腹腔内形成了很多神经丛，其中最主要的神经丛为太阳神经丛。太阳神经丛位于腹腔正中，相当于第十二胸椎至第一腰椎段，体表位置在腹前壁的剑突与肚脐之间。腹腔太阳神经丛分为两个半月神经节，与腹腔内的其他神经丛构成复杂的神经联系，广泛分布于腹壁、腹膜及腹内脏器。刺伤腹壁和腹膜，震荡、牵拉腹内脏器，都可以刺激腹腔太阳神经丛，引起强烈的神经反射。因此，以拳、脚打击肚脐以上的上腹部，尤其是打击胸骨剑突下的心窝处，将立即引起剧烈的腹痛使人不能呼吸、不能直立、腹肌痉挛、瘫倒在地，甚至可以因为强烈的神经反射作用使人晕厥或昏迷，导致更严重的后果。

（三）肋部

1. **左软肋**

左软肋是指上腹部脾区，即上腹左侧肋弓处。肋弓是由第8～10肋软骨上下相连而成的。因此，两侧肋弓又称为软肋。软肋自古被视为要害部位，中国民间技击点穴将左肋软骨下缘称为"隔门穴"，将左傍肋下称为"气血囊穴"。中医经络学认为，气、血在左傍肋处相交，点伤"气血囊穴"或可致命。左侧肋软骨下，又是脾脏的所在部位。脾脏的位置在横结肠上方左季肋下，被第9～11肋所遮盖。成人脾脏约有掌心大小，长约12厘米、宽约7厘米、厚约4厘米。脾脏长轴自左后向右前斜行，大约与第10肋平行。

2. **右软肋**

右软肋是指上腹部肝区，即上腹部右侧肋弓处。右肋弓也是由肋软骨构成的。由于肝脏所在，右肋弓下也是人体的要害部位。在中国民间的技击点穴中，右肋软骨下被视为血囊。右肋弓下的"血囊穴"和"章门穴"也被视为"死穴"。

肝脏的位置在腹腔上部，大部分位于右上腹，在右季肋下与深层的膈肌紧贴。肝脏的前面被肋骨遮盖，上界与横膈膜同高，下界与右肋弓下缘平行。肝脏的一部分暴露于上腹部正中区，在腹壁剑突下及上腹正中偏右处可以触及。

以上各要害部位，都是飞刀主要的攻击部位，也是便于飞刀攻击的部位，这要在训练中注重模拟。

另外，人体的大血管一旦被飞刀切中，人体将会因失血过多而休克甚至死亡，熟悉人体的血管走向，对飞刀训练也极其重要。

第五节　飞刀技术

一、握刀方法

掌握正确的握刀方法对练习飞刀、提高技艺至关重要。飞刀的握刀方法有很多种，练习者需根据自身特点和使用刀的种类选择适合自己的握刀方法。只有在熟练掌握基本握法的基础上，才能够在实战中运用自如。图 3-4 所示为两种基本的握刀方法。

图 3-4　握刀方法

握刀柄位置，也就是我们常说的正握刀。基本握法：将刀柄置于食指、中指和无名指的指根部位，四指握拢，拇指抵住握把。要领：拇指、食指抓握刀柄要实，手腕灵活，大臂与小臂放松，根据目标的远近调整拇指、食指握刀身的长短。

握刀尖位置，也就是我们常说的反握刀。基本握法：刀尖向下，食指、中指、无名指依次由上至下贴刀面，拇指抵住刀的另一面。要领：与正握刀相同。

两者不分优劣，采取哪种方式取决于个人喜好。但是握刀并不仅仅是把刀子放在手掌上或用拇指和其余四指紧夹住刀子然后把刀子投掷出去。我们必须将刀子在手上定位，以便能始终将刀子钉在靶子上，为了保持这个准确度，在每次投掷时必须把刀尖放在手掌上相同的位置。另外，飞刀要握牢固而不是紧紧地握住。如果飞刀握得太松，就会提前释放，击中靶子的上面。如果飞刀握得太紧，则会导致释放过晚，击中靶子的下面。

第三章　飞刀技术

刀子的定位是指握柄法中拇指和刀柄末端的相对位置或握刃法中刀尖和手掌的相对位置。在训练中通常采用的方法有两种：曲指定位和直指定位。

所谓的曲指定位，就是指飞刀被拇指和其余的四指紧紧捏住。拇指用作指示飞刀出手时机的指示器。这种方法可以用于单刃和双刃飞刀。它很适合设计用于投掷的刀具，它们通常是钝刃。但是此种方法不适合短的飞刀。

另一种定位方法就是用拇指将刀尖或刀柄压在手掌的皱纹上（见图3－5）。刀子像三明治似的夹在手掌和拇指之间，除拇指外的其他手指都指向目标。这种方法叫直指定位。与曲指定位相比，这种方法更适合短的飞刀，但它的投掷不及曲指定位有力，不适合远距离投掷。

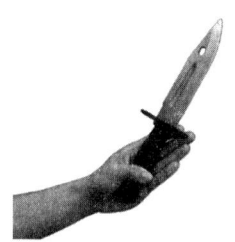

图3－5　直指定位

另外，经验表明，对于不同的飞刀，针对其特点而采用不同的握法，会增加命中率。除个人喜好外，可以参考下面的方法选用正确的握持方法：

（1）如果刀子为双刃，最好采用握柄方法。

（2）对于重心偏向一边的刀子，最好握持刀子较轻的一端，这样有助于加速飞刀在运动过程中的旋转，从而增大由动能转化给飞刀的穿透力。

（3）重心在正中的刀子既可以采取握柄法，又可以采用握刃法。

二、命中距离

命中距离是指人总是能将飞刀插入靶子的同时命中靶心或接近靶心的距离。这个距离取决于个人的经验，不取决于个人的高度或飞刀的形状、重量。在实践中，飞刀的应用距离是2～10米，2米以内人有足够的时间发挥匕首的刺杀作用，无须将其投出；10米以外飞刀的命中概率大大减小，避免打草惊蛇，还是改用其他武器为好。

通过多年的训练、研究，从飞刀释放点到靶子间的命中距离似乎有一定的模式。飞刀在命中距离里的运动可分为两种：一种是周期性旋转路线，一种是不旋转的直线路线。前者的旋转比较好控制，但距离比较难把握；后者虽说不用考虑距离，但飞刀出手后的运动路线全靠手指来控制，这一点对于一些练习者来说也是一大难点，这需要练习者根据自己的特长来练习。

1. 周期性旋转路线

这种方式只要算出每种飞刀的运动周期，便成功了一半。而这个运动周期需要对这种飞刀进行无数次的投掷才能得出。下面将训练用刀的周期简要地说一下。

训练用刀是一种刀身成一体的飞刀，从 3 米开始，以正手握刀开始投掷，然后查看飞刀撞击靶子的部位，在 3 米的位置是平拍上靶；人向后撤一步约半米，直到大约 4 米的位置，刀尖插入靶子；再以同样的方式投掷 5～10 把刀，有六成以上都是同样的刀尖入靶；然后再以 1 米为单位，向后延伸，在 5 米的位置，所有的上靶刀都是刀尾插入靶子；此时将正手握刀改为反手握刀，则都是刀尖入靶；再用同样的方式向后延伸，在大约 6 米的位置，用正手握刀投掷，刀刀都是刀尖入靶。由此可以推断，此刀的运动周期大约是 2 米。

了解了运动周期，便可以在任何距离投掷飞刀了，其中只要变一下握刀的方式即可。

2. 不旋转的直线路线

这种方式的投法有点不同，拇指和弯曲的中指夹住飞刀的手柄（无名指与小拇指也是弯曲的），食指伸直，平躺在飞刀上，其中食指对控制飞刀起决定性作用，投法一样，但出手时，食指在飞刀划出手的过程中，慢慢对飞刀柄加力，防止它旋转，这是难点，其力要恰到好处，使刀一直保持正向，直至插入刀靶。这种方式虽说力度很难把握，但一定范围内无须考虑距离，是近距离内有效的方式。

三、投法

飞刀在对不同距离和不同高度的目标实施攻击时，投刀方法基本相同，区别就在于判断好目标与自己的距离，并控制好出刀时机以及出手的力量。

常用的投掷方法有三种，其运动路线和要领为：

（1）飞刀初始位置在头部的高度，手臂在竖直的平面向下运动，然后将飞刀投掷出。

（2）飞刀初始位置在右肩的上方，投掷时手臂沿从右上到左下的斜线运动。这种方法由于利用了膝盖弯曲、身体重心下降产生的能量，因此强劲有力。

（3）飞刀初始位置在左肩的上方，投掷时手臂沿从左到右的斜线运动。这种方法不如前两种方式有力。

以第一种投掷方法（正握刀，曲指定位）为例：

后拉和投掷，从双脚并拢的姿势开始。当将飞刀向后举起时，向前迈右脚，迈步和后举必须同时完成。此时，右脚在前，脚尖指向靶子；左脚在后，距离大概与肩同宽，并稍稍离开垂直线；膝盖以舒适的程度弯曲。

后举时右膝伸直，左膝弯曲。后举结束时大多数重量落在左脚（后脚）上。需注意的是，依靠弯曲膝盖而不是腰部来保持平衡，而且不要将右手指向靶子。

当手臂开始向前运动时，身体重量转移到右脚，左膝伸直，右脚以前脚掌为轴逆时针旋转，右膝弯曲。

在飞刀出手的瞬间，左手手腕下抖，食指凭感觉有一个向上拨刀柄的动作，以此加速飞刀在运动中的旋转，从而增加其穿透力。

飞刀出手后，正确的后续动作是将手臂向左下方移动，最后手掌停留在大约腰部高度。投掷结束时左脚跟稍离地。至此，一个完整的飞刀投掷动作基本结束（见图3-6）。

图3-6 投刀：正握刀，曲指定位

整个动作是一气呵成的，不能分解和下意识地去做某一部分，其难点就是释放飞刀的时机，那么，究竟应该什么时候释放飞刀呢？

正确的释放时机是当拇指刚好快要指向靶子，也可以在拇指位于眼部高度时释放飞刀。飞刀的释放时机并不是可以用时间来衡量的，它是由飞刀和靶子或眼睛之间的相对位置决定的。

释放飞刀不是有意识的，否则就不能命中靶子。当手臂向前运动时，赋予飞刀的运动使它沿手臂运动的圆弧线的切线方向拨出。

另外，在飞刀的投掷过程中，发力很重要。许多时候，并不是我们击不中目标，而是我们的力量不足以伤到目标。对于发力问题，首先应进行强化练习。站在靶前约1米处，此距离，飞刀的运动是不旋转的，只要出手正确，飞刀一般会上靶。而强化练习是按上面的步骤、方法体会动作并熟练后，再进行发力练习。即蹬地转腰、扭髋挥臂、抖腕拨刀，使力量起于根、传于腰、止于梢，最后完全转化为飞刀的穿透力。

四、校正瞄准

投掷飞刀，应被看成是一种乐趣，尤其是当飞刀命中目标时，是多么令人振奋！但是要达到这种水平，需要多年如一日的练习。对于飞刀手来说，飞刀插入靶子的钝响声是非常美妙的，即使没有命中靶心。

在投掷飞刀时，不管水平有多高，偶尔也会听到飞刀撞在靶子上发出的刺耳的撞击声，这是什么原因造成的呢？经验丰富的飞刀手可能会知道出了什么问题，并做出相应的调整，但初学者往往不知道出了什么问题。下面就来说说如何校正"飞刀的瞄准"。

要校正瞄准，首先得学会"识靶"，即通过飞刀插入靶子时的形状来判断如何校正。

以第一种投掷方法（正握刀，曲指定位）为例：

总的来说，飞刀撞击靶子瞬间的状态有五种，如图3-7所示。

图3-7（1）的投掷非常漂亮，刀身垂直插入目标。它对目标的杀伤力也是最大的。图3-7（2）、（3）虽然也能上靶，但与图3-7（1）的效果是完全不同的。

图3-7（2）是刀尖先钉到靶子上，但刀柄还有旋转的力，所以造成刀柄在刀尖以下，这说明飞刀旋转得有点过。

图3-7（3）是刀尖钉在靶子上但刀柄却在上面，说明飞刀旋转得不够。

图3-7（4）是刀子平拍撞到靶子上，刀尖向上，则说明旋转得过多。

图3-7（5）是刀子平拍撞到靶子上，刀尖向下，则说明旋转得不够。

改正这些不足的方法有很多，例如：可以在不改变出手时机的情况下，改变与靶子的距离，从而增加或减少飞刀旋转周期的个数；也可以改变飞刀旋转

第三章　飞刀技术

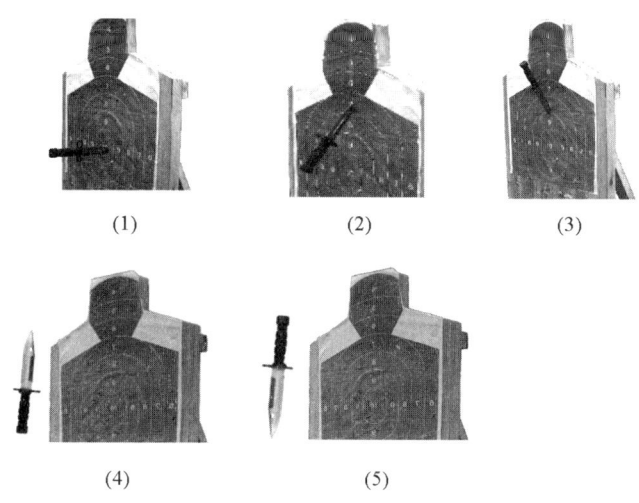

图 3-7　飞刀撞击靶子的五种状态

周期的时间，使飞刀转得更快一些，要使飞刀转得更快，可以在出手的时候将手腕弯得更厉害些或握刀握得更短一点。

此外，飞刀作为武器，光能上靶是不够的，只有做到指哪儿扎哪儿，才能达到效果。飞刀由于出手时机不同可能造成三种情况，如图 3-8 所示。

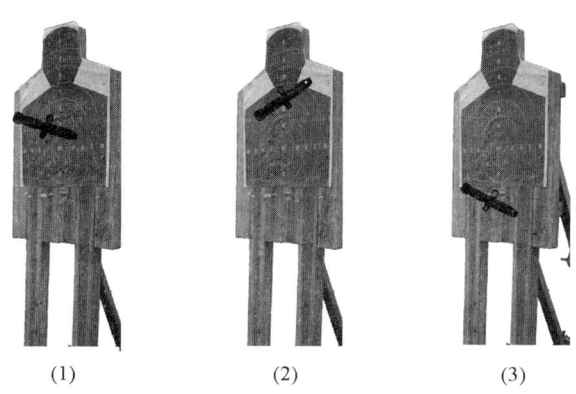

图 3-8　出手时机不同造成的三种情况

图 3-8（1）是在正确的出手时机投出的好刀。

图 3-8（2）则是出手过早所造成的情况。

图 3-8（3）则是出手过晚所造成的情况。

另外，影响飞刀命中的因素还包括：距离、投掷技巧、注意力、投掷速度、出手角度、出手时机以及刀子自身的原因。

飞刀出手时的速度同样重要。有人做过试验，故意显著地改变出手时的速度，无论是用最大速度投掷，还是懒洋洋地把刀子向靶子高抛过去，刀子都能成功地命中靶子。从这个试验来说，似乎只需要能到达靶子并插入靶子的速度就可以了，刀子可能插入不深但确实能钉到靶子上。但从实战的角度来讲，飞刀是用于消灭敌人，或使其丧失战斗力的，这就需要我们用最大的速度去投掷我们的武器。

速度对飞刀的旋转不重要。从 5 米距离用握刃法、以正确的方法投掷一把飞刀可以钉到靶子上，同一把刀从相同的距离如果用握柄法投掷并钉到靶子上就需要使它旋转得快一些。如果没有额外的旋转，飞刀的刀柄会先撞到靶子上。要使飞刀转得更快，可以在出手的时候将手腕再弯曲一点或握得更短一点。

出手时机和角度也很关键。飞刀出手太早会偏高，出手太晚则偏低。用握刃法时飞刀必须在你的食指刚要指向靶子的时候出手，使用握柄法时则用拇指作参考。

此外，刀子形状、投掷的速度、投掷技术以及出手时机和角度都是决定飞刀能否钉到靶子上的变量。除上述这些，还有一个重要的因素——专心致志。这包括两个方面，一是心无旁骛地进行飞刀的投掷，二是良好的心理素质。我们每投掷一把飞刀，就要改变现状，否则后果很难想象。遇险不惊，摆正心态，这些需要在训练时多加注意。

第六节　飞刀技术的训练

一、身体素质的训练

飞刀技术是一项集速度、力量、耐力、柔韧性、灵活性于一体的高难度技术，几项素质相互联系、相互促进，如果有一项落后，很容易出现短板效应，从而影响技术的成绩。练习者在练习飞刀技术的同时，要注重身体素质的训练，下面简要地介绍一下身体素质的训练方法。

（一）速度训练

专项速度训练有助跑速度节奏的训练，而更重要的是投掷动作速度的训练，俗称投掷爆发力的训练。

1. 专项助跑速度与连贯练习手段

（1）短距离的加速跑；
（2）取刀过程的助跑；
（3）投掷过程的助跑；
（4）全程连贯协调助跑。

2. 发展参训人员投掷动作速度的练习手段

（1）原地或上步做投掷动作；
（2）原地、上步、助跑投刀。

发展参训人员投掷动作速度，培养投掷爆发力对投掷有特殊意义，尤其是在初级阶段，参训人员处于动作速度发展快速期，这对于高一级训练，进一步提高投掷爆发力是必要的。

（二）力量训练

发展投掷飞刀的专项力量素质的部分常用练习手段有：

（1）双手投重物；
（2）单手投重物；
（3）原地投；
（4）上步投；
（5）短助跑投；
（6）使用拉力器或橡皮条做投掷动作练习；
（7）仰卧拉举练习；
（8）局部肌群的力量练习。

专项力量训练在飞刀训练中占有重要地位，它是提高投掷专项能力的重要基础，对于增强参训人员身体局部肌群力量和减少受伤是十分有益的。为此，训练中应根据参训人员的情况安排相当比重的专项力量练习，尤其是爆发力。

（三）耐力训练

(1) 多次重复投掷练习；
(2) 完成大量专门练习和投重物练习；
(3) 通过增加比赛、测验次数等进行练习。

（四）柔韧性训练

专项柔韧性训练对于增加投掷动作幅度和肌群的弱性势能都有积极作用。同时，要掌握高水平的动作技术需要相当高的身体柔韧性，尤其对肩带、躯干和髋关节提出了较高要求。专项柔韧性练习多安排在准备期和训练课开始或结束部分。在初级水平的参训人员的训练中也应安排较多的专项柔韧性训练，如：

(1) 徒手或用杠铃片、沙袋等做双臂向前或向后绕环练习；
(2) 双手握短棍逐渐缩短握距向前或向后转肩练习；
(3) 悬垂转肩练习；
(4) 压肩（徒手或负重）；
(5) 后桥练习；
(6) 跨栏腿练习；
(7) 原地、行进间做转髋练习等。

（五）灵活性训练

常用的灵活性训练有：
(1) 不同方向的侧身前后交叉步跑练习；
(2) 原地转髋或转身练习；
(3) 交叉步转体360度连续练习；
(4) 俯卧直体蹬足练习；
(5) 交换助跑距离和助跑速度小跳练习。

二、心理素质的训练

另外还有一项重要的素质需要加强，那就是心理素质。提到飞刀训练，人们都会想到：在一个木靶前，受训人员手持飞刀不停地、刻苦地投掷。不错，他们平时确实就是这样训练的。但是这样训练出来的飞刀手即便技术非常精湛，一旦在实战中面对密集的射弹、黑洞洞的枪口，甚至遭遇手握炸弹引爆器的恐怖分子，如果不能一招毙命，就将导致不可挽回的后果。在这种情况下，他们还能沉着地瞄准目标，坚定而准确地使用手中的飞刀吗？

大多数飞刀手恐怕是做不到的，因为他们现在很少有机会经历实战的考验，无法承受巨大的心理压力。如何使在和平环境下成长起来、没有任何实战经验的士兵能在身处生死考验的战斗中顶住巨大的心理压力，正常发挥自己平时练就的技能？答案是靠平时的心理训练。

在影响战斗成败的两个要素——武器和人之间，武器通常是客观、稳定的要素，人这一要素则相对难以把握。进一步，如果把作战人员的素质分为战斗技能和心理素质，那么战斗技能是外在、容易衡量的要素，而心理素质则是难以衡量、却对行动成败起着关键性作用的要素。

人作为决定战争胜负的主导因素，居于战场诸要素的核心。但由于其受生理和心理的制约，又成为整个作战系统中最为敏感脆弱的环节。要改变这种状况，更好地适应高技术战争的需要，必须充分认识新时期开展心理训练的特殊重要性。有这样一个研究结果：20 世纪 50 年代初，美国霍普金斯大学作战研究室在统计了 300 万份伤亡报告后认为，在战场上真正由轻武器精确瞄准射击造成的伤亡所占比例极小，大多数伤亡由密集射击散布或流弹造成。这是一个让射击教练们啼笑皆非的现实——尽管参战士兵平时在靶场上利用步、机枪瞄准练就了精确射击的能力，但在实战中，大部分射击采取的是概略瞄准，有时甚至未做任何瞄准便击发。特别是在自己被敌人发现，面对敌人的射击和呼啸而来的子弹时，受恐惧心理驱使，作为一种自卫的本能反应便胡乱扣动了扳机。因此，大部分伤亡最终是由随机射击造成的。

心理训练专家认为，战场上，官兵的恐惧感以及由此导致的紧张会造成智力、感觉能力和运动能力的失调。首先造成智力失调，表现为思维能力和随机应变能力的减退，出现判断错误、思考困难、思维混乱、反应迟钝、记忆模糊等现象；稍后或同时会发生感觉失调，表现为观察力减退、注意力不集中、产生错觉、理解力下降等现象；接踵而来的是运动失调，表现为手脚颤抖、话音改变、口吃、低音细语、动作速度锐减。最终的结果是不能很好地运用手中的武器，降低了遂行战斗任务的能力。

交战过程中，官兵的心理素质在很大程度上制约着他们对武器装备的掌握和使用，要减弱或消除战场上各种强劲的不确定因素的不良影响，果断运筹决策，正确指挥控制，能动地驾驭态势，达到人与武器的完美结合，就必须通过心理训练使官兵逐步提高和具备良好的心理素质。

随着高技术武器装备在战场中的广泛应用，现代战争对参战者的心理素质提出了更高的要求。加强心理训练，在现代高技术局部战争中减少作战人员的心理创伤，增强其心理稳定性和对战争的适应能力，显得尤为重要。

为了加强作战心理训练，军队通常依据"心理训练情境性原则"，采用模拟实战场景、近似实战演练、接受野外生存能力训练等方法，使心理训练做到有的放矢。目前，国外许多精锐军警部队还采用了多种实弹心理训练的方式，刻意让参训人员面对真枪实弹的迎面射击，从而营造出与真实作战行动非常相近的场景，磨炼士兵的作战技能。

在飞刀训练中，心理训练尤为重要，训练方法有：

1. 暗示法

所谓暗示法，主要是指人们用语言不断在大脑中施加所希望的影响，使自己的行为达到某种目的。这种方法用得很普遍，而且作用也很大。暗示分为积极暗示和消极暗示。积极暗示往往产生积极的作用，而消极暗示则起副作用。若飞刀手经常暗示自己不行，那么他的成绩就不可能很好。因此，我们要注意用积极的暗示来调整心态。

2. 自我强化训练

它的基本原理是：一种行为如果得到奖励，那么这种行为重复出现的频率就会增加；反之，得不到奖励甚至要付出代价的行为重复出现的频率就会降低。其实，人们自觉或不自觉地都在用奖励或惩罚来影响自己的行为，这就是强化的方法。

用正强化的方法可以塑造想要建立的行为。当适当的行为出现时，立即给自己一个好的刺激，如飞刀上靶后给予一定的奖励，就能促使飞刀上靶的行为重复出现，并保持下来。当飞刀脱靶时，立即给予一定的惩罚，如自责，从而促使自己停止这种行为。

3. 自我放松训练

人在感到紧张、焦虑、恐惧时，生理上也会产生相应的变化，如心跳加快、呼吸急促、皮肤电阻等，生活中表现出与情绪紧张状态相反的变化。因此，人体的肌肉放松状态与人的情绪紧张状态是一对互相排斥的状态，当一种状态存在时，另一种状态就不能够同时存在，或被消减了。在此基础上，我们可以利用肌肉的放松来对抗情绪紧张，通过一定的自我训练，学会在短时间内放松全身所有的肌肉群。一旦处于使人紧张的情境，就能主动达到全身肌肉放松的状态，这样可以帮助人镇静情绪、消除紧张、恢复体力。

4. 系统脱敏

这种方法是建立在放松训练基础上的一种行为改变方法，主要用于消除在某一特殊情境下不合理的、过度的焦虑或恐惧心理，同时建立起适当的行为反应方式。运用这种方法要求：

（1）首先学会放松全身的肌肉，然后把令你感到焦虑或恐惧的刺激按程度由低到高分出等级，每一等级的刺激强度应在个人能忍受的范围之内。

（2）按照建立条件反射的过程，将紧张性刺激与全身的放松状态反复结合。

（3）当最低水平的刺激由于身体放松而不再引起人的焦虑和恐惧情绪时，就再释放出一个略强一点的刺激，然后与身体放松反复结合，直到不再感到焦虑和恐惧为止……如此继续下去，最终使人对原来的刺激不再产生焦虑和恐惧的反应。

三、技术动作训练

（一）抖腕拨刀练习

抖腕拨刀练习是飞刀投掷技术的一个收尾动作，但对整个投掷动作起着极其重要的作用，其目的是加速飞刀的旋转，从而增加其穿透力。我们要在投掷过程中细心体会这一动作，然后对这一动作进行专门性训练。其训练方法有：

（1）近距离向地面扎刀，握刀的方法不变，但要使飞刀竖直插入地面。只是体会抖腕拨刀。

（2）手腕和手指肌群力量练习：手腕和手指肌群的力量练习是飞刀手不容忽视的力量练习。因为没有力的手腕及手指就不会在最后出手瞬间主动积极有力地拨刀，创造最高出手速度，同时，手指还容易受伤。发展手腕和手指肌力的练习主要有：

①卷腕练习方法：身体直立，两臂前平举，反握或正握横杠，用屈腕或伸腕的力量卷起重物。

②腕屈伸练习方法：两手反握或正握杠铃，前臂固定在膝上或凳子上，做腕屈伸动作。也可用哑铃、杠铃片做。

③抓平放的杠铃片、各种旋腕练习、指撑俯卧撑、俯卧撑击掌、抓下落的铅球等。

（二）扭髋挥臂练习

在飞刀的投掷过程中，发力很重要。许多时候，并不是我们击不中目标，而是由于我们的力量不足以伤到目标。对于发力问题，首先应强化练习扭髋挥臂。站在靶前约1米处，此距离，飞刀的运动是不旋转的，只要出手正确，飞刀一般会上靶，而强化练习是在体会动作并熟练后进行重复多次练习，即蹬地转腰、扭髋挥臂、抖腕拨刀，使力量起于根、传于腰、止于梢，最后完全转化为飞刀的穿透力。

四、飞刀技术的训练

练习飞刀要由浅入深、由易到难、先简后繁，应遵循循序渐进的规律。练习者通过长期科学、刻苦的练习，必能达到较高的水平。我们在练习中摸索了一套较为实用的训练方法，将其称为"三加三"飞刀练习法，即"对面状目标、线状目标、点状目标"和"在近距离、中距离、远距离"对不同目标投掷飞刀的训练方法，旨在为初学者快速入门和提高技能指出一条可行之路，同时也为相关专业人员组织训练提供参考。

（一）对面、线、点状目标的练习方法

把飞刀攻击的目标分为面状目标、线状目标和点状目标三个阶段进行练习，是一种较为实用的训练方法，可以使练习者在感受练习乐趣的同时，不断提高飞刀攻击的准确度。

1. 对面状目标的练习

（1）目标（靶子）简介

面状目标是指方形或圆形的靶子，通常稍大于人的上体正面宽度，是练习者初练飞刀时应使用的靶子。靶子的面积不宜过大和过小，以便于击中为宜。靶子的取材以硬海绵板、泡沫板、厚纸板、较松软的木质板等为佳。以方形靶为例，长度、宽度各为50厘米比较合适。

（2）场地选择

练习飞刀时，必须做到集中精力、细心体会技术要领。因此，需要在比较安静的环境下进行练习，以免受人员、声响的干扰。通常选择在室外相对安静、平坦、杂草少的场地上进行练习比较合适。

（3）靶子设置

练习时要将靶子固定在平整的墙面或固定的物体上，设置高度以与眼同高较适宜，靶面要对正练习者站立的方向。不能将靶子简单地挂在树上，这样会造成脱靶跑刀或靶子摆动，增加找刀的时间和影响飞刀命中率。

（4）练习方法及注意事项

以面状靶子为目标进行练习时，主要以达到命中目标为目的。也就是说，投掷时只要飞刀能够击中并刺入靶子即达到了训练目的。通过练习使练习者初步掌握投掷飞刀的方法。

练习方法：练习时应严格按照"先近距离，后中、远距离；先同距离一种刀型，后不同刀型；先同距离、同一刀型、同一持刀方法，后不同持刀方法"进行，这是练习飞刀的一般规律。

注意事项：练习时要记住，一不可急于求成，二不可三心二意，三要注意安全，四要用心体会，五要不断总结。

2. 对线状目标的练习

（1）目标（靶子）简介

线状目标指长形或条形靶子，通常稍宽于人的上体侧面。取材制作可参考面状目标，初练时长度设定在 50~100 厘米，宽度设在 25~45 厘米之间即可。

（2）场地设置

在经过对面状目标练习后，进入到对线状目标的练习阶段。开始练习时，由于目标缩小，而且成细长形状，因此练习者会很不适应，但可以采取一些办法使练习者在训练时集中精力，练习的场地可以选择在室内，并配合灯光进行练习。具体的方法是选择一间暗室，在目标的附近设置灯光，灯光直接照射到目标上，使目标产生强烈的视觉效果，从而使练习者在练习时全神贯注。

（3）靶子设置

在靶子的设置上可以采取一些办法来提高训练效果。无论是横向线状靶还是纵向线状靶，都可以把条状靶子划分成三段，每段涂上不同的颜色，分别为蓝、红、绿，飞刀击中蓝色段为偏上，击中绿色段为偏下，击中红色段为击中目标。采用这样的方法进行练习就可以直观地显示出训练效果，也可以把这种方法作为一种成绩评定的方法。

（4）练习方法

对线状目标的练习目的是：缩小击中目标的左右宽度和上下高度，提高击打准确度，同时练习对目标上、中、下（或左、中、右）不同位置的打击适应能力。

练习方法：练习时应按照"先纵向目标，后横向目标；先击中间位置，后击上、下（左、右）位置"的方法进行。

其他方法和注意事项：可参考对面状目标的练习。

3. 对点状目标的练习方法

（1）目标（靶子）简介

点状目标指较小的圆形靶子，通常稍大于人的头部正面。制靶时将击打区域一般控制在直径为15厘米左右为宜。也可在面状或线状靶子的基础上画出击打范围。

（2）场地设置

在经过对线状目标的练习后，进入到对点状目标的练习阶段。对点状目标的练习是针对固定目标练习的最后一个阶段，但还不是针对运动目标的练习。针对运动目标的练习才是真正具有实战意义的练习，因此，对点状目标的练习仍然是以精确度为主要练习目的。但在练习过程中要向实战方面靠近，故而在场地的选择上不单单选在室内，还要在室外或到野外进行练习，以能够满足练习要求为准。

（3）靶子设置

由于练习难度增大，在靶子的设置上要想一些办法，可同时设置多个不同大小的靶子，分别固定在高、中、低、地墙等不同位置。

（4）练习方法

对点状目标的练习目的是：掌握对不同高度和位置的较小目标击打的准确度。训练的难度较大，必须在较好地掌握了面状和线状目标击打方法、具备较扎实的基本技能后进行练习。

练习方法：应按照"先大的点状目标，后小的点状目标，最后固定在较小目标（10厘米左右）；先单个目标在同一高度和位置上练习，后多个目标在不同高度和位置上练习"的方法进行。

其他方法和注意事项：可参考对面状目标的练习。

（二）在近、中、远距离上的投击方法

对不同距离上的目标的打击练习，是飞刀训练的重要内容，目的是掌握在不同距离上投刀的方法，提高实战能力。根据实战需要和可能达到的实际效果，我们把飞刀攻击不同目标的距离，划分为三个距离段：一是近距离，指3米以内的目标；二是中距离，指3~10米内的目标；三是远距离，指10米外的目标。下面重点以正握刀把（或握刀重心）为例，介绍不同距离上的练习

方法。

1. 近距离投击方法

使用时机：在敌人拳脚攻击不到的距离上，通常为3米以内，且投刀前对方没有或无法对我实施攻击时，可视情投刀攻击对方。

基本方法：可采取"先正面，后侧身投刀练习；先立姿，后跪姿、卧姿投刀练习；先面状目标，后线状、点状目标练习；先分解，后连贯；先慢，后快"等方法进行练习。

基本要领：练习时，一要实握紧刀，二要用力挥臂，三要保持身体自然灵活，四要看准打击目标，五要控制好出刀角度和时机（刀身与地面保持在45~90度之间时，注意使刀身直立或前倾）。

2. 中距离投击方法

使用时机：与敌相距3~5米时，是使用飞刀的最佳时机。此距离上的练习环节更为重要。因为，在3~5米的距离上使用飞刀，与在3米以内的距离上使用飞刀相比较，时间上更充足，运用动作上更灵活，并且可以使投掷的力量发挥到最大限度，大大增强了飞刀的杀伤力。

实战中可以在3~5米的距离上对强大的敌人进行攻击。在被多个敌人追杀时，可以左手持多把飞刀，右手持刀对第一个进入5米范围内的敌人进行刺杀，然后再对后续敌人进行连续刺杀，以达到解围、脱险的目的。

基本方法：练习时，应首先按照近距离的练习方法进行练习，待熟练后，可采取"先静止投刀，后左右运动中转换位置投刀"的方法进行练习。

基本要领：与近距离练习要领基本相同。不同之处是，飞刀出手时，应使刀身后仰，与地面保持30~70度时出手。

3. 远距离投击方法

使用时机：在5~10米距离上投刀攻击目标，是飞刀技术的高级阶段。一般人没有经过长时间潜心研练是很难达到理想效果的。因为距离较远，加上对方有防范的时间，其准确度和杀伤力都会受到很大的影响。但在隐蔽条件下攻击无防范目标时，或在追击逃跑之敌时，也是可取之法。

基本方法：练习时，应首先按照近距离和中距离练习方法进行，而后重点练习隐蔽接近目标投刀和快速接近目标投刀。

基本要领：与近距离投刀要领基本相同。不同之处是，飞刀出手时，刀身后仰，与地面保持0~30度时出手最佳。

第七节　实战运用

飞刀技术具有隐蔽性强、便于携带、突然性强等特点，是在与敌战斗、侦察、渗透时必不可少的一个实战技术。飞刀技术常用的几种投掷方式是立姿、跪姿、卧姿，以及翻滚投射，我们在实战运用时要充分发掘各种姿势的利弊，合理应用，以达到最佳的效果。

一、飞刀技术投掷应遵循的原则

隐蔽接敌。飞刀是一个冷兵器，我们在潜伏偷袭与渗透战斗中要尽可能地不要暴露自己，隐蔽方位是最重要的，只有有力地保存自己才能更有效地击杀敌人。

突然袭击，一招制敌。飞刀是一个攻击性强而防御力较差的兵器，我们在运用过程中，要掌握时机，不能轻举妄动，不出手则已，一出手就要一招制敌。

运动作战，不时更换自己的方位。这是毛主席的运动战原理。其主要目的是有效地保存自己，更好地隐蔽自己，击打敌人。因为你投掷目标的同时，也就暴露了自己，合理有效的运动作战，才能更加有效地发挥飞刀的隐蔽特性。

二、飞刀的实战投射

常见的几种飞刀实战投射如下。

（一）袭击站立的哨兵

我们在实战中是隐蔽接敌，当进入飞刀的有效投射范围，首先要隐蔽自己，一般采用便于投射的树或建筑物作为掩体。与敌单人相对时，可采用立姿投射，其主要特点是便于发力、命中率高，缺点是易暴露自己的方位。一般在实战中用于敌人较少时。

（二）袭击高建筑物顶的敌人

现代城市作战与实施侦察渗透的过程中常常遇到建筑物作战，飞刀作为冷兵器，其有效的射杀范围为 3~10 米。如何合理运用这个有效的射杀距离击杀敌人？在实战中我们要采用隐蔽接敌于建筑物下，在同伴手语的配合下判定敌人的方位，采用翻滚反身跪姿射杀敌人。实战中运用时，要注意翻转要快，出手要迅速，同时撤离要快。

（三）丛林作战中伏击敌人

飞刀是一种可以投射、可以近身格斗的武器，特别是在近身格斗时威力相当大，杀敌于无声。在丛林作战中，我们应在伏击的路线中寻找较为狭窄、敌人不便于集体通过的地段；在与敌相遇后，应由后至前逐个消灭。实战中要注意，接敌要无声，出手要快，结束要立即收拾战场，避免敌人发现。

熟练掌握基本的投刀方法后，要从实战出发，练习各种情况下快速出刀，以最快的速度击中目标的方法。作为一项特战技能，只有抢在别人前面出手，才有取胜的可能。

1. **正面遇敌**

［基本方法］自然站立，右手将刀从腰部取出，左脚向前迈一步的同时右手将刀快速向前投出。

［要求］取刀、投刀迅速。

2. **背面遇敌**

［基本方法］背向目标向前走，右手握刀，突然间转身，以最快的速度向目标投出。

［要求］转身迅速，身体平衡好，定位准确，出手方式不改变。

3. **地上取刀**

［基本方法］刀置于右脚脚背，身体自然站立，右脚向上抬起，将刀向上抛起的同时右手抓刀，右脚向前迈一步，右手顺势将刀向前投出。此技法在实战应用时，通常要将刀隐藏起来，从而达到攻击的突然性。

［要求］接刀、投刀迅速。

4. **接同伴的刀**

［基本方法］陪练者持刀站于右侧，陪练者将刀抛出，练习者右手接刀，左脚向前迈一步，快速将刀向前投出。

［要求］接刀、投刀迅速。

5. **投掷高目标**

［基本方法］右手握刀，根据目标的远近调整好握刀方式，在准备姿势的

基础上，稍向右转体的同时右手向后引刀，两眼向上注视目标，右脚蹬地，扭腰的同时向左转体，右手握刀快速向前上方向挥臂，大臂与小臂约成90度时将刀向目标方向投出。

［要领］右手向后引刀时身体稍向后倾斜，出刀时机要准确，爆发力要强。

［要求］目测距离准确，出刀迅速，出手时机把握好。

6. 运动当中投掷

［基本方法］在跑动中迅速取刀、发力，将刀投向目标。

［要求］跑动、发力、定位协调，跑动中的投掷、投掷后的跑动两者互不影响。

第八节　刀的保养

无论多么昂贵精美的刀具都不可能自行保持锋利，所以必须定期打磨和保养刀锋，始终保持刀锋的锋利度。千万不要把刀锋完全用钝，然后再尝试把它重新打磨锋利。

任何一把刀，任其锋利无比、无坚不摧，都有其天敌，那就是锈。除新技术的陶瓷刀外，大多数刀都会生锈，这好比人无法避免衰老与死亡一样。人们延缓衰老的重要方式就是健身，刀也是如此。首先刀要常用，才不会生锈，如同脑筋常用就不会迟钝。其次就是要经常对刀进行养护。尽管大多数知名刀具厂商均采用不锈钢，但如果没有保养好，这些刀仍然会生锈。因为钢材中含碳量高会增加切割能力，即锋利性，但同时会降低抗锈性。当在盐水或潮湿的环境下使用刀具时，一定要注意防锈。在这种环境中，可为刀的表面涂上一层润滑油，避免钢直接接触水分与盐分。如果长时间不使用刀，也可在刀锋表面涂上一层润滑油来防止刀刃生锈。如果刀确已生锈，可用蘸有润滑油的棉布轻轻拭擦有锈疤的地方，达到去锈的目的。

有些刀是采用电镀表面，这种刀虽然生锈后不会渗入钢的内部，但表面的锈蚀还是会让人心疼不已，所以也要经常进行清洁与上油来保护刀具。如果刀因为汗水而生锈，上点润滑油，拿软布轻轻地就能擦掉，去锈之后，同样不能忘记上油保护。另外，对于一些折刀，在枢轴部分也要经常上油，一则防锈，二来润滑，防止刀打不开的状况发生。

要永远保持刀刃锋利。刀越钝则越不安全，越懒得磨刀，刀就越难磨。使用打磨钢是一种很好的保养刀具的方法,尤其对使用频繁的直柄刀具而言。经常使用可以保持刀刃锋利。专家们建议,应该在频繁使用刀具的时期经常打磨,至少在每次使用前或后打磨一次。事实上,打磨钢并不是真的将刀刃磨利,而是校正和清理刀具的刃缘。切记:钝刀更危险!事实上,一把刀锋完美、锋利的刀比钝刀更加安全,因为它切割容易,不需要使出大力,也更加有效率。无论多么昂贵精美的刀具都不可能自行保持锋利,所以必须周期性地打磨和保养刀锋,使其始终保持最佳状态。

一种简单方法可以判断是否已打磨好刀具:用拇指分别沿着刀锋两面轻轻摸过,如果两面的感觉是一样的,则说明已经打磨好了;如果某一面摸上去比另一面略为粗糙,那么轻轻地将这一面再打磨,每打磨一次再对比,直到两面感觉一样为止。

总之,对刀的保护,就是防止生锈,想要刀尽其用,一定要爱护,因为,它是你手的延伸。

第四章　双节棍实用棍术

第一节　双节棍基础知识

一、双节棍简介

据传，双节棍是由宋太祖赵匡胤始创的，原称大盘龙棍，专用来扫击敌军马腿，后来这种兵器南传至菲律宾，东传至日本。随着历史演变，双节棍逐渐变成现在的样子：全长约72厘米，棍身每节约30厘米，中间由铁链或绳相连，铁链或绳长约12厘米。

李小龙旅美期间，曾向亦师、亦友、亦徒的美籍菲律宾双节棍和短棍名家丹尼·伊鲁山度学习了双节棍与菲宾律短棍，在其指导下成为一位用棍的专家。在好莱坞剧集《青蜂侠》中，李小龙首次使用双节棍。

双节棍为两节圆形的硬木，中间以铁链或绳相连，既可猛击，又可绞杀，集棍的刚猛与鞭的阴柔于一身。美国一本武术专著曾如此介绍："挥舞着的双节棍的一端，其落点可产生1600磅的力，而人骨头只需8.5磅的力就可被击碎。并且，一旦连接双节棍的铁链或绳缠绕到对方的脖子上，只需轻轻一拉，便足以将人绞死。"

生活中的李小龙常携带双节棍防身。现在，美国的不少州以法律的形式禁止使用和拥有双节棍。原因是有些美国青年看过李小龙的功夫片，或耳闻双节棍的威力后，也玩弄起双节棍来，结果致人死亡，遭到公众舆论的谴责。《精武门》让当时的香港观众见识了李小龙精湛的双节棍术，令人叹为观止。《猛龙过江》中，李小龙手中的双节棍变成两对，表演难度极大，更是令人眼花缭乱。

二、双节棍技术特点

1. 劈

以棍端之一由上向下朝敌方肩、头、面等部位劈出,迅猛有力,力达棍端,如图4-1所示。

图4-1 劈

2. 击

以一棍端或棍身平行向左或右用力横打,攻击敌方头部、颈项、腰肋部等,力达棍端,如图4-2所示。

图4-2 击

3. 扫

以棍身或棍端自敌方腰腹部以下,横扫击其膝、踝等关节部位,力达棍端,如图4-3所示。

图4-3 扫

4. 挑

以棍端由下向前上挑敌方下腭、胸腹部或所持兵器利刃,力达棍端,如图4-4所示。

图4-4 挑

5. 撩

以棍端沿身体左侧或右侧从下往上划立圆,向前或向后撩出,攻击敌方中、下部,如图4-5所示。

图4-5 撩

6. 拦

棍身垂直以双节棍中部铁链部位阻格敌方器械或拳脚,力达铁链中段,如图 4-6 所示。

图 4-6 拦

7. 盖

棍身平放,以双节棍中部铁链部分由上向下盖封敌方兵器或拳脚,力达铁链中段,如图 4-7 所示。

图 4-7 盖

8. 架

棍身平放,以双节棍中部铁链部分由下向上举起,托格敌方由上向下劈击的器械利刃,力达铁链中段,如图 4-8 所示。

图 4-8 架

三、人体要害

了解和熟悉人体关节的活动范围、要害部位的机能，是双节棍制敌技战术中不可缺少的内容之一。人体关节受到超过生理限度的打击或压迫，会发生脱臼或韧带撕裂，失去正常功能；任何要害部位受到打击时，都会感到疼痛难忍，甚至丧失生命。因此，掌握人体关节的活动范围、要害部位的生理机能，以便在对敌斗争中准确控制关节和击其要害，制服敌人，保护自己，是十分重要的。

（一）关节

在人体中，骨骼与骨骼相连接，能活动的部位叫关节。

1. 颈椎（俗称脖关节）

颈椎是头部与身体相连接的部位，能前屈、后伸和左右转动。如果用力打击或左右猛拧，就会感到疼痛难忍或受到损伤，失去正常功能，甚至丧失生命。

2. 肩关节

肩关节是人体活动范围最大的关节。能内收、外展、前屈、后伸及旋转运动。如用力左右猛拧或向后扳至极限，再施加压力，就会因脱臼或韧带撕裂而失去正常功能。

3. 肘关节

肘关节活动范围较小，只能前屈和伸直，在完全伸直时，由后方施加压力或击打，就会造成脱臼或韧带撕裂。

4. 腕关节

腕关节活动范围较大，能前屈、后伸、内收、外展和左右旋转，由于各腕骨细小，八块腕骨主要靠韧带连接，如用力拧折，就会造成脱臼或韧带撕裂，功能受损。

5. 指关节

指关节除拇指为两节外，其余各指均由三节短小指骨连接而成，活动范围较小，可以屈曲或伸直，当伸直时向后或两侧猛折，就会脱臼或骨折。

6. **膝关节**

膝关节能后屈和伸直。在伸直时，从前、侧方用脚猛蹬，就会造成脱臼或骨折，失去正常功能。

7. **踝关节**

踝关节能内收、外展，活动范围较小，如用力打击或拧折，就会因脱臼或韧带撕裂而丧失移动功能。

（二）要害部位

人体受到外部打击或压迫，易造成伤残、昏迷或死亡的部位称为要害部位。

1. **头部**

头是人的中枢，有听、视、嗅觉以及大脑、小脑等重要器官，直接控制和影响人体各部位的姿势。其要害有面部、太阳穴和耳后穴。如受到打击，可使人昏迷，甚至死亡。

2. **喉部**

喉部包括呼吸道和食道，两侧附有颈动脉血管。如用力卡压，会使人头昏、四肢无力，甚至死亡。

3. **胸部**

胸部如受到打击或压迫，可使心肺受损，失去正常功能。

4. **肋部**

肋部共有十二对肋骨，由于肋骨细长，如受到打击或压迫，就会感到疼痛难忍。

5. **腹部**

腹部内有肝脏、脾脏、膀胱等器官，壁腹膜神经末梢丰富，感觉非常灵敏。如受到打击或压迫，就会感到疼痛难忍，失去正常功能。

6. **腰部**

腰部是维持身体正常姿态的重要部位，起着传导重力的作用。如用拳、肘、脚由后方猛力击、蹬，可使脊椎、肾脏损伤，失去正常功能。

7. **裆部**

裆部是人体神经末梢最丰富的地方，如受外力顶、撞、抓、踢等，就会感到疼痛难忍，甚至死亡。

第二节 双节棍基本击法

一、实战姿势

右手右脚在前的称为右前势，反之为左前势。双节棍的实战姿势是在截拳道准备势的基础上以握棍方法不同而进行区分的。

（一）截拳道准备势

双手握拳（要松弛，呈半握拳状态），左手在前，曲肘大约90度，右手在后，曲肘小于90度，双拳放在身体中线上，两肘微下垂，以防护两肋。目视敌人，下颌内收，右肩略抬，以防护右边下颌与脸颊。双膝微曲，右脚在前，脚尖略内扣25～30度，左脚在后，脚尖略外展25～30度，左脚前脚掌着地，足跟抬起，以增加步法的灵活性，如图4-9所示。

注意：身体微向前倾，身体重量的35%落于前脚，65%落于后脚，后脚跟离地，双腿微屈膝。动作要自然随意、轻松、安适。所有肌肉能以最快速度反应而做出动作。

图4-9 截拳道准备势

（二）单手持棍势

体侧提棍势：自然开步站立，右手正握棍提于身体右腿侧，左手自然前伸，如图4-10（1）所示。

体后背棍势：自然站立，双节棍单叠于一手，并将手置于腿前侧，如图4-10（2）所示。

腋底藏棍势：自然站立，双节棍单叠于一手，双手交叉抱于胸前，手均藏于腋下，如图4-10（3）所示。

(1) 体侧提棍势　　　(2) 体后背棍势　　　(3) 腋底藏棍势

图 4 - 10　单手持棍势

（三）双手持棍势

拉弓射箭势：双手前后持棍于胸前，前手棍略向自己倾斜，成拉弓姿势，如图 4 - 11（1）所示。

釜底抽薪势：前后开步，双手持棍横于腹前，如图 4 - 11（2）所示。

玉带横腰势：双手持棍于腰后侧，如图 4 - 11（3）所示。

翻山越岭势：一手在肩上，一手在腋下肋侧，棍置于大臂后侧，如图 4 - 11（4）所示。

(1) 拉弓射箭势　　　(2) 釜底抽薪势

图 4 - 11　双手持棍势

(3) 玉带横腰势　　　　　(4) 翻山越岭势

图 4-11　（续）

书情背剑势：一手在肩上，一手在背后，棍斜置于背后，如图 4-12 所示。

图 4-12　双手持棍之书情背剑势

（四）双节棍的携带方法

双节棍的携带方法有：
(1) 单手持棍；
(2) 插于腰间；
(3) 装于衣袋或特制的棍套中；
(4) 挂在颈部。

二、实战步法

"教拳不教步，教步打师父"，这句话道出了步法的重要性。一个人武艺的高低，关键在于其步法的运用。在步法运用时要注意身体平衡。小而快速的步法是保持平衡的唯一方法，步法移动必须自然而放松，动作愈小愈佳，其原则是移向对自己有利的位置。步法的高深阶段是与自身出拳踢腿或持械攻击的动作配合运用，要手脚齐到。

步法练习的好坏程度将直接关系到双节棍的水平，所以要引起重视。步法的基本情形：

（一）上步

在对敌姿势的基础上，后脚向前迈进一步，同时转身，左右手前后交换。

上步时身体不要前后摆动，上步与两手交换要同时进行，步法要轻盈快捷。上步的主要目的是求得适当的攻击距离。

（二）滑步

由截拳道警戒势开始，前脚向前滑进大半步。两脚一分开，后脚立即跟进，并恢复成警戒势。前滑步是一种不影响身体平衡的前进动作，须是以极短的步伐前进。双脚几乎不离开地面而贴地前进，关键是全身在进步时仍能保持基本的姿势。后滑步要领与前滑步相同，只是后脚先向后滑大半步，然后前脚向后跟进。

（三）疾步

疾步，是一种非常快速移动身体的步法，因其快而称为疾步。快速前移时要注意身体平衡，双脚仍是滑贴地板而行。由截拳道警戒势开始，前脚先向前滑 8～10 厘米。前脚一动，后脚立即前滑，并踏在前脚原来的位置上。后脚触到前脚时，前脚立即向前滑出。

（四）垫步

垫步常有腿法相配合，侧身滑进同样要注意身体平衡，在后腿垫进时要速起前腿。由截拳道警戒势开始，前脚向前跨出 30～50 厘米，同时前手向前上方猛扫，髋部前摆，并将后脚带向前方。后脚跨过前脚，前脚继续前跨或起腿侧踹。

（五）撤步

撤步是在对敌姿势的基础上，前脚向后撤一步，同时转体，前后手交换。要点与"上步"相同。撤步主要用于防御，可以阻截对方的攻击。

(六) 侧步

侧步有右侧步与左侧步两种。

侧移步可谓能变换身形，移动脚步而不危害身体的平衡姿势，且能更快地获至一有利位置以备攻击对方；也可用于避直冲而来的攻势并快速地避开一段距离；还亦可用来诱使敌方暴露空门，以备反击。

1. 右侧步

先将右脚急速移动至右前方，移动距离约45厘米，左脚顺势移动相同距离，此步法变换可使身体向左侧旋转，并使自己右侧向前靠近对手左手后侧。然而，右侧移步并不像左侧步一样常用，因为大多数移步是向自身左侧移动，以使自己保持在对方右侧近身处，从而避开其左后拳重击。

2. 左侧步

侧步时应左脚急速移动至左前方，其余动作要领与右侧步相同。

(七) 回绕右侧

右脚作为移动的转轴使全身回转到右侧的正确姿势。右脚的第一步可长可短，依情势而定。

要点：必须能保持基本姿势，前手摆的位置较一般对敌时高些，以防对方左手攻击。移步时切忌双脚交叉。

(八) 回绕左侧

左脚作为移动的转轴使全身回转到左侧的正确姿势。左脚的第一步可长可短，依情势而定。常用来躲避右前方的对手的攻击，也可制造机会攻击对方。

(九) 旋马

此步法是以一脚为轴，旋转180度。例如，左脚在前时，如想变成右脚在前，可以上右步或撤左步，通过旋马实现。

旋马可改变与对手间的距离，若接近对手，可后脚向前；欲远离对手，则前脚向后。

最佳练习步法的方法是，在与假想敌对练几回合中特别注意使自己步伐轻快、灵活。按此种练习法循序渐进，即使不付出过多的心力亦可自然而然地有轻快的步伐。

三、实战拳法

双节棍中实战拳法有：直拳、摆拳、勾拳。另外也有一些变形的拳法，如散打中使用的鞭拳、盖拳、劈拳等，在双节棍实战中也会得到很好的效果。

由于在双节棍的实战中一般情况下是右手持棍，因此以下重点讲解左手拳法。

（一）左直拳

实战姿势开始，右脚蹬地，使身体重心稍移向前，左拳向前用力内旋击出，力达拳面，上体微向右转，目视前方，然后迅速收回，成实战姿势，如图 4-13 所示。

图 4-13　左直拳

［要求］出拳不能向后引臂，拳面领先，快出快收。

［用途］击打对方面部或胸部。

（二）左摆拳

实战姿势开始，右脚蹬地，使身体稍向右转，左拳向左前伸出转向右下横击，左拳内旋，拳心向左稍向下，力达拳面，如图 4-14 所示。

［要求］力从腰发，肘关节微屈斜上抬，与肩略平出拳后迅速收回，成实战姿势。

［用途］击打对方的头部右侧及右侧软肋。

图 4-14　左摆拳

（三）左平勾

实战姿势开始，上体稍向右转，左肘关节外展抬起，大臂和小臂约成90度角，左拳经左向右下方击出，拳心向左脚跟外转，出拳后左臂迅速向胸靠拢，成实战姿势，如图4-15所示。

图 4-15　左平勾

［要求］出拳突然，快而有力，力达拳面。
［用途］近身击打对方头部右侧。

（四）左上勾

实战开始，身体稍向左转，微沉肘，重心略下沉，左脚蹬地，腰突然向右转，左拳心向内，以蹬地、扭腰、送胯之力，由下向前上猛力击出，力达拳面，目视前方，如图4-16所示。出拳后迅速恢复成实战姿势。

［要求］蹬地转腰快，协调用力。
［用途］击打对方身体左侧。

图4-16 左上勾

四、实战腿法

"手是两扇门,全凭腿打人。"可见,在双节棍实战中腿法的应用占有重要地位。腿法具有力量大,打击范围广,隐蔽性强,能进行有效的反击等特点,在实战中腿法技术能达到出奇制胜的效果。

腿法的发力形式可包括弹、蹬、鞭等,不同的腿法有不同的技术要求。弹踢要求绷脚面,力达脚背、脚尖;蹬腿要求挺膝勾脚尖,力达脚跟;鞭腿要求腿内旋、开髋、挺膝、绷直脚尖,力量集中在脚背。下面介绍一些常用的腿法。

(一) 弹腿

1. 左弹腿

实战姿势开始,重心稍向后移,左膝迅速抬起,脚面绷直,猛力向前快弹快收,力达脚面,左脚落地成实战姿势,如图4-17所示。

图4-17 左弹腿

2. 右弹腿

实战姿势开始，重心前移，右膝迅速抬起，脚面绷直，大腿带动小腿，脚背向前上方猛力弹出，两拳协调摆动，左拳收至面前，右手握棍摆至右腿外侧。右脚迅速收回落地成实战姿势。

［要求］脚面绷直，以大腿带动小腿，挺髋、送胯，动作协调有力。

［用途］提对手腹部、裆部。

（二）蹬腿

1. 左正蹬腿

实战姿势开始，重心后移，左腿屈膝抬起，勾脚尖，以屈到伸向前猛力蹬出，力达脚跟，左臂自然下摆助力，右手持棍护面，目视前方，如图4-18所示。做左正蹬腿可以配合垫步。

图4-18 左正蹬腿

2. 右正蹬腿

实战姿势开始，右脚蹬地，重心前移，右腿屈膝抬起，以脚跟为力点，由屈到伸向前猛力蹬出，右臂自然下摆助力，左拳回收到头部左侧，目视前方。动作完成后迅速收回，成实战姿势。

3. 左侧蹬腿

实战姿势开始，重心前移，左腿屈膝抬起，身体向右转，左腿屈膝抬起，勾脚尖向左侧猛力蹬出，力达脚跟，身体向右倾斜，左臂自然下摆助力，右拳收于下颌处，目视蹬腿方向，如图4-19所示。左腿迅速回收，落地成实战姿势。

图4-19 左侧蹬腿

4. 右侧蹬腿

实战姿势开始，重心前移，右腿屈膝抬起，身体向左转，右腿屈膝抬起，勾脚尖向右侧猛力蹬出，力达脚跟，身体向左倾斜，右臂自然下摆助力，左拳收于下颌处，目视蹬腿方向。右腿迅速回收，落地成实战姿势。

［要求］上体、大小腿、脚掌成一线，大腿带动小腿直线方向发力。

［用途］蹬击对手胸腹及头部。

（三）鞭腿

1. 左鞭腿

实战姿势开始，上体稍向右转侧倾，同时左腿屈膝抬起，大小腿折叠，脚尖绷直，右腿支撑身体，左脚向右上方猛力弹踢，力达脚背，或小腿下端；左臂自然下摆助力，右拳收于下颌处，目视前方，如图4-20所示。左脚迅速收回，落地成实战姿势。

图4-20 左鞭腿

2. 右鞭腿

实战姿势开始，上体稍向左转，同时右腿屈膝抬起，脚面绷直，膝关节弯屈大于90度，左腿支撑身体，右脚向左前方猛力弹踢；右臂自然下摆助力，左拳收于下颌处，目视前方。右脚迅速收回，落地成实战姿势。

［要求］提膝快，绷脚尖，上体稍向右（左）倾斜，启动快，隐蔽性和突然性强，髋关节充分展开，踢腿时形成鞭打。

［用途］弹踢对方头和身体，击打路线和位置根据实战情况可高可低。

（四）侧踹腿

侧踹腿要领与侧蹬腿相同，脚形是脚尖里勾，脚掌内翻，力达脚掌外侧，如图4-21所示。

［用途］踢对手膝、小腿、髋部。

图4-21 侧踹腿

（五）勾踢腿

实战姿势开始，上体稍右转，右脚外摆屈膝支撑身体。左脚向后抬起（一般大小腿夹角不超过90度），脚尖内扣，由左向右前作弧形勾踢，力达脚弓内侧，两手自然摆动，收左脚成实战姿势。

右勾踢要领与左勾踢相同，方向相反。

［要求］勾踢要猛，支撑要稳。

［用途］勾踢对手小腿及踝关节。

五、实战膝法

(一) 正顶膝

实战姿势开始,重心前移,右脚垫步,左大小腿折叠,提膝向正前上猛顶,下颌回收,左臂下摆至身体左侧,右拳立于胸前,目视前方,如图4-22所示。右正顶膝动作要领与左顶膝相同。

〔用途〕顶击对手的胸、腹部。

图4-22 正顶膝

(二) 侧顶膝

右脚垫步,左大小腿折叠,提膝抬起,由左向右上方猛顶,落步成实战姿势。右侧顶膝要领同左顶膝,方向相反。

〔要求〕提膝启动快、顶膝猛,力达膝盖。
〔用途〕顶击对手的两肋。

六、实战防守

在实战过程中防守是一个观察对手、作出决断、付之行动的运动过程,因此,我们必须集中全部注意力,努力观察对手的一举一动,特别是在对方进攻的初始,一定要全神贯注,仔细观察,才能做出相应的防守动作。以技术角度而言,进攻动作是由起点、运动路线、攻击点三部分组成。防守的最好时机应该是在对方进攻动作运动到中间或四分之三的时候,因为那时对方若想改变进攻动作已不太可能了。此外,防守的总原则是以最小的防守动作来阻止对方的进攻,从而获得最佳的防守效果。为了简略说明问题,我们把人体的防守区域划为三部分:肘关节以上的区域为上部;肘关节以下至手指尖为中部;腿为下部。以下主要介绍几个双节棍的防守动作。

(一) 双手持棍势防守动作

1. 拦棍的防守动作

甲成双手横握棍势站立,乙实战姿势站立,乙左直拳击甲前胸,甲将棍拉直,以铁链处由右向左横格,挡开对方直拳,如图4-23所示。

[要求] 格挡的时机要准确掌握,早则被动,晚则扑空。

图4-23 拦棍的防守动作

2. 架棍的防守动作

甲成双手横握棍势站立,乙实战姿势站立,乙右盖拳向甲攻击。甲将棍拉直,以铁链部分格于对方攻击路线中间,架挡对方盖拳,如图4-24所示。

图4-24 架棍的防守动作

3. 盖棍的防守动作

甲成双手横握棍势站立，乙实战姿势站立，乙弹腿向甲攻击。甲将棍拉直，以铁链部分盖于对方攻击路线中间，盖挡对方弹腿，如图4-25所示。

图4-25 盖棍的防守动作

（二）单手持棍势防守动作

1. 外格

甲成单手握棍势站立，乙成实战势站立，乙左直拳击甲前胸，甲重心稍向左移，小臂由内向下，由手腕带动棍，外格对方直拳，力达棍端，甲的防守动作如图4-26所示。

［要求］手腕旋转带动双节棍，速度要快，击打要准。

图4-26 外格

2. 里格

甲成单手握棍势站立，乙成实战势站立，乙右直拳击甲前胸，甲重心稍向右移，小臂由外向下，由手腕带动棍，里格对方直拳，力达棍端，其中甲的防守动作如图4-27所示。

图 4-27 里格

第三节 实用棍操一套

一、单手抖棍

[预备式] 双脚平行站立,右手握双棍置于体侧,如图 4-28 所示。

[动作要领] 单手握棍的中部,跟随节奏转动手腕抖棍。1~2 个八拍右臂水平抖棍,3~4 个八拍右臂侧平举抖棍,5~6 个八拍右臂上举左右转动抖棍。(左手动作要领相同)

[目的] 通过单手抖棍练习,加强手腕的灵活性和柔韧性。同时,熟悉体会握棍、转棍的感觉,为下一步基本功练习打下良好的基础。

二、流星赶月

图 4-28 单手抖棍

[预备式] 双脚前后站立,右手握棍,棍的另一侧垂直于地面。

[动作要领] 右手持棍置于身体右侧,手腕发力将棍以手腕为中心旋转,如图 4-29 所示。1~2 个八拍向后旋转,3~4 个八拍向前旋转。(左手动作要

领相同）

［目的］通过本节练习，掌握双节棍的基本技术动作。同时，增强手腕的灵活性，提高熟练控制双节棍的能力。

三、腋底生花

［预备式］双脚平行站立，棍夹右腋下。

［动作要领］右手持棍抬肘，跟随节奏上下拨打。将棍向上挑起于大臂处，再靠大臂的弹力向下反弹至右腋下，如图4-30所示。1~4个八拍右手练习，5~8个八拍换左手练习。

［目的］通过本节练习，体会双节棍拨打的发力用力，不断地增强手腕的灵活性，并掌握双节棍常用的反弹部位。

图4-29 流星赶月

图4-30 腋底生花

四、白蛇吐信

［预备式］右脚在前实战步站立，右手持棍夹棍于右腋下，如图4-31所示。

［动作要领］

（1）右臂前伸将棍迅速向前劈打。

（2）力尽后由下向上顺势将棍收回，夹于腋下。重复4个八拍动作。（左手动作要领相同）

图4-31 白蛇吐信

［目的］通过本练习熟练掌握基本的向前劈打动作,加强对双节棍的控制能力。

五、翻山越岭

［预备式］双脚平行站立,棍垂直于地面,右手握住棍的上端,左手在腋下握住棍的下端,如图4-32(1)所示。

［动作要领］

(1) 左手将棍由右腋下向左大臂上挥去,同时右手在左腋下接棍,如图4-32(2)所示。

(2) 右手将棍由左腋下向右大臂上挥去,同时左手在右腋下接棍,如图4-32(3)所示。

(1)　　　　　　　　(2)　　　　　　　　(3)

图4-32　翻山越岭

(3) 左手将棍由右腋下向左大臂上挥去,同时右手在左腋下接棍。

(4) 右手将棍由左腋下向右大臂上挥去,同时左手在右腋下接棍。后4个八拍相同。

［目的］熟悉棍性,增强手腕的灵活性。

六、苏秦背剑

［预备式］双脚平行站立,棍在身后与地面约45度,左手握棍在下,右手握棍在上,如图4-33(1)所示。

第四章 双节棍实用棍术

[动作要领]

（1）手将棍从身后由下至上划一半圈，将棍挥至左大臂上，同时右手在下面接棍，如图4-33（2）所示。

（2）右手将棍从身后由下至上划一半圈，将棍挥至右大臂上，同时左手在下面接棍，如图4-33（3）所示。后4个八拍相同。

[目的] 熟悉棍性，增强手腕的灵活性。

(1)　　　　　　　　(2)　　　　　　　　(3)

图4-33　苏秦背剑

七、跋山涉水

[预备式] 双脚平行站立，棍垂直于地面，右手握住棍的上端，左手在腋下握住棍的下端。

[动作要领]

（1）左手将棍由右腋下向左大臂上挥去，同时右手在左腋下接棍。

（2）右手将棍由左腋下向右大臂上挥去，同时左手在右腋下接棍。

（3）左手将棍由右腋下向左大臂上挥去，同时右手在身后接棍。

（4）右手将棍从身后由下至上划一半圈，将棍挥至右大臂上，同时左手在下面接棍。后4个八拍相同。

[目的] 熟悉棍性，增强手腕的灵活性。

八、横扫千军

[预备式] 右脚在前，实战步站立，右手握棍，棍另一侧夹于右下，如图4-34（1）所示。

［动作要领］

（1）右手将棍向左侧顺时针旋转一圈，如图4-34（2）所示。

（2）接着将棍向右侧逆时针旋转一圈，如图4-34（3）所示。

（3）右手横扫棍。棍夹于右腋下，恢复预备姿势。后4个八拍相同。

［目的］熟悉棍性，增强手腕的灵活性。

(1)

(2)

(3)

图4-34 横扫千军

九、三星日立

［预备式］右脚在前，实战步站立，右手握棍，棍一端夹于右腋下，如图4-35（1）所示。

［动作要领］

（1）左手抓握夹于腋窝的棍，将棍举起，由前至后逆时针绕头一圈，向身体左侧猛力扫棍，如图4-35（2）、（3）所示。

（2）左手在左侧接棍，然后向右侧扫棍，如图4-35（4）、（5）所示。

（3）右手在右侧接棍，然后向左侧扫棍。

（4）左手在左侧接棍，然后向右侧扫棍。

（5）右手在右侧接棍，然后向正前方猛力劈棍，收棍夹于左腋下，如图4-35（6）所示。

（6）右手将棍由左腋向前劈出，夹于右腋下，如图4-35（7）所示。

（7）左手接握右手的棍，将棍向前劈出，夹于左腋下，如图4-35（8）所示。

（8）右手接握左手的棍，将棍向前劈出，夹于右腋下。

［目的］此式包含扫棍和劈棍，主要攻击敌人身体两侧和头部，同时训练左右手协调接棍的能力。

图 4-35　三星日立

十、无敌旋风

［预备式］右脚在前，实战步站立，右苏秦背剑式（棍垂直于地面置于右大臂后，右手握棍的上端，左手在右腋下握棍的另一端），如图 4-36（1）所示。

［动作要领］

（1）右手将棍向正前方劈下。

（2）接着将棍往上撩击，恢复到原来的位置。

（3）将棍向左斜方劈出后绕手掌顺时针旋转一圈，如图 4-36（2）所示。

（4）右手握棍往右边拉，绕手逆时针旋转一圈，如图 4-36（3）、（4）所示。

（5）右手反腕将棍往左边拉，绕手顺时针旋转一圈，如图 4-36（5）所示。

（6）右手握棍往右边拉，逆时针转棍，然后顺势将棍往下打。

（7）将棍向上撩击收于右大臂上，如图 4-36（6）所示。

（8）将棍由上至下迅速夹棍于右腋下，如图 4-36（7）所示。

［目的］左右旋转可以训练手腕的灵活性，加强对棍的感觉，较强地锻炼了手腕和小臂肌肉力量。

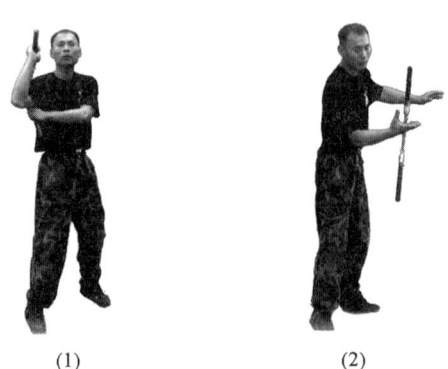

（1）　　　　　　（2）

图 4-36　无敌旋风

第四章 双节棍实用棍术

图 4-36 （续）

十一、武松打虎

[预备式] 右脚在前，实战步站立，右苏秦背剑式，如图 4-37（1）所示。

[动作要领]

(1) 右手握棍由右上向左下猛力斜劈，如图 4-37（2）所示。

(2) 由左下往上拉棍至左上，然后向右下猛力斜劈，如图 4-37（3）所示。

(3) 恢复至右苏秦背剑式。

(4) 由上往下击打右大腿内侧，同时大腿稍抬，如图 4-37（4）所示。

(5) 经大腿反弹后，棍绕手掌顺时针旋转一圈。

(6) 由右向左经胯下将棍交于左手，如图 4-37（5）所示。

(7) 落地的同时成左苏秦背剑式，如图4-37（6）所示。

(8) 右手将棍换回右苏秦背剑式，如图4-37（7）所示。

［目的］此式在于训练全身与棍体的灵活与协调一致，用于劈击前方的敌人，同时迷惑对手。

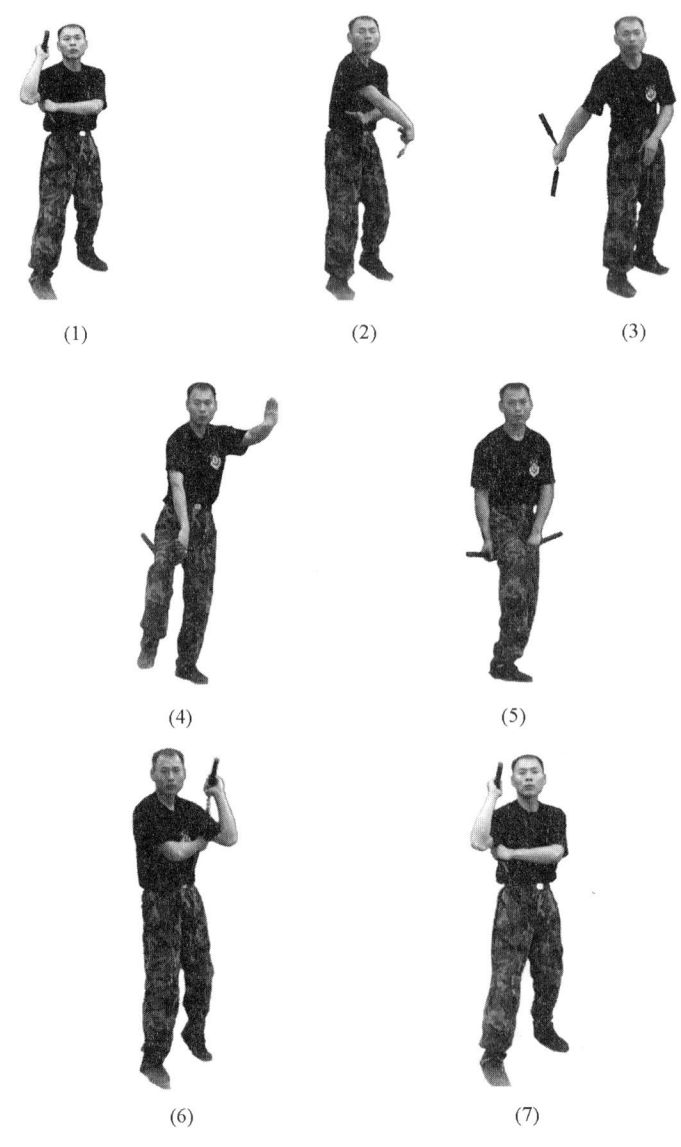

图4-37 武松打虎

十二、小河流水

[预备式] 右脚在前,实战步站立,右手成白蛇吐信式(右手持棍,棍的另一侧夹于右腋下),如图 4-38(1)所示。

[动作要领]

(1) 向右横扫棍,如图 4-38(2)所示。

(2) 右手握棍由左向右绕身体转棍一圈,如图 4-38(3)、(4)、(5)所示。

(3) 接着绕身体由右向左旋转一圈。

(4) 右手握棍绕身体由左向右旋转一圈,同时右手身后接棍,如图 4-38(6)所示。

(5) 左手握棍向右扫棍,如图 4-38(7)所示。

(6) 左手握棍由右向左绕身体旋转一圈,如图 4-38(8)、(9)所示。

(7) 接着绕身体由左向右旋转一圈。

(8) 左手收棍于腋下,如图 4-38(10)所示。

[目的] 通过转棍,进一步熟悉棍性。

(1)   (2)

图 4-38 小河流水

实用近距离擒敌格斗

图 4-38 （续）

十三、鹏翔万里

[预备式] 双脚平行站立，右苏秦背剑式，如图4-39（1）所示。
[动作要领]
（1）右手握棍由上往左下斜劈，如图4-39（2）所示。
（2）棍在身体左侧逆时针划一半圆，然后由左上向右下劈。
（3）上撩棍于右大臂上。
（4）右手握棍向左腋下击去，左手在肩上接棍，如图4-39（3）所示。
（5）左手接棍后由上往右下斜劈，如图4-39（4）所示。
（6）接着在身体右侧逆时针划一半圆，由右上向左下斜劈，如图4-39（5）所示。
（7）上撩棍于左大臂上，如图4-39（6）所示。
（8）左手握棍向右下腋击去，右手在肩上接棍，如图4-39（7）所示。
[目的] 在对棍比较熟悉的基础上，训练由后接棍的能力，以达到增强全面控棍的水平。

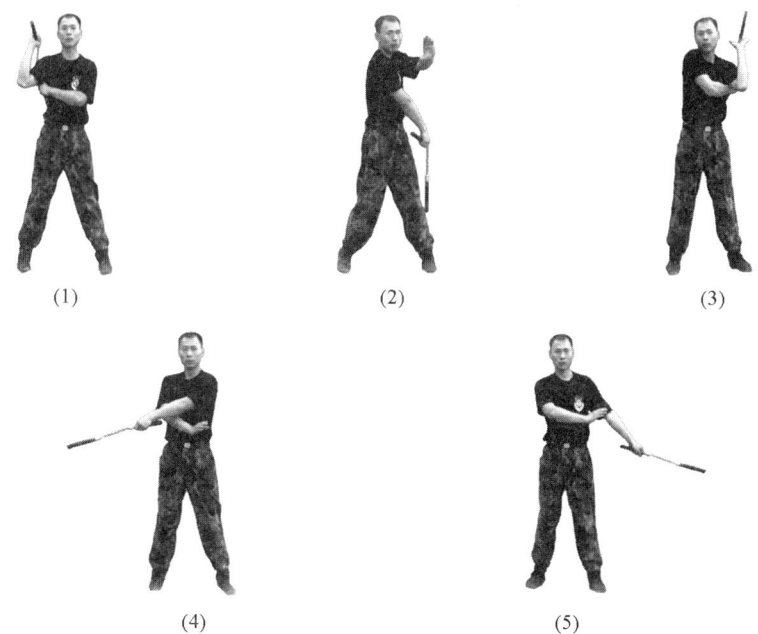

图4-39 鹏翔万里

(6)　　　　　　　　　　(7)

图 4-39　（续）

十四、佛光照顶

［预备式］右脚在前，右苏秦背剑式，如图 4-40（1）所示。

［动作要领］

（1）将棍挥至头顶，并绕头顶顺时针旋转一圈，如图 4-40（2）、（3）所示。

（2）棍拉至与腹部同高的位置逆时针旋转一周，如图 4-40（4）、（5）所示。

（3）棍上挥绕头顶一圈后向左下方斜劈，如图 4-40（6）所示。

（4）棍回拉至头顶，绕头顶逆时针旋转一圈，如图 4-40（7）所示。

（5）拉至腹部位置顺时针旋转一圈，如图 4-40（8）所示。

（6）棍拉至身体右下方，然后向左上方撩击，如图 4-40（9）、（10）所示。

（7）由左上方向右下方劈击，如图 4-40（11）所示。

（8）恢复右苏秦背剑式，如图 4-40（12）所示。

［目的］通过在身体多个部位的转棍，加强对棍控制，熟悉棍性。

第四章 双节棍实用棍术

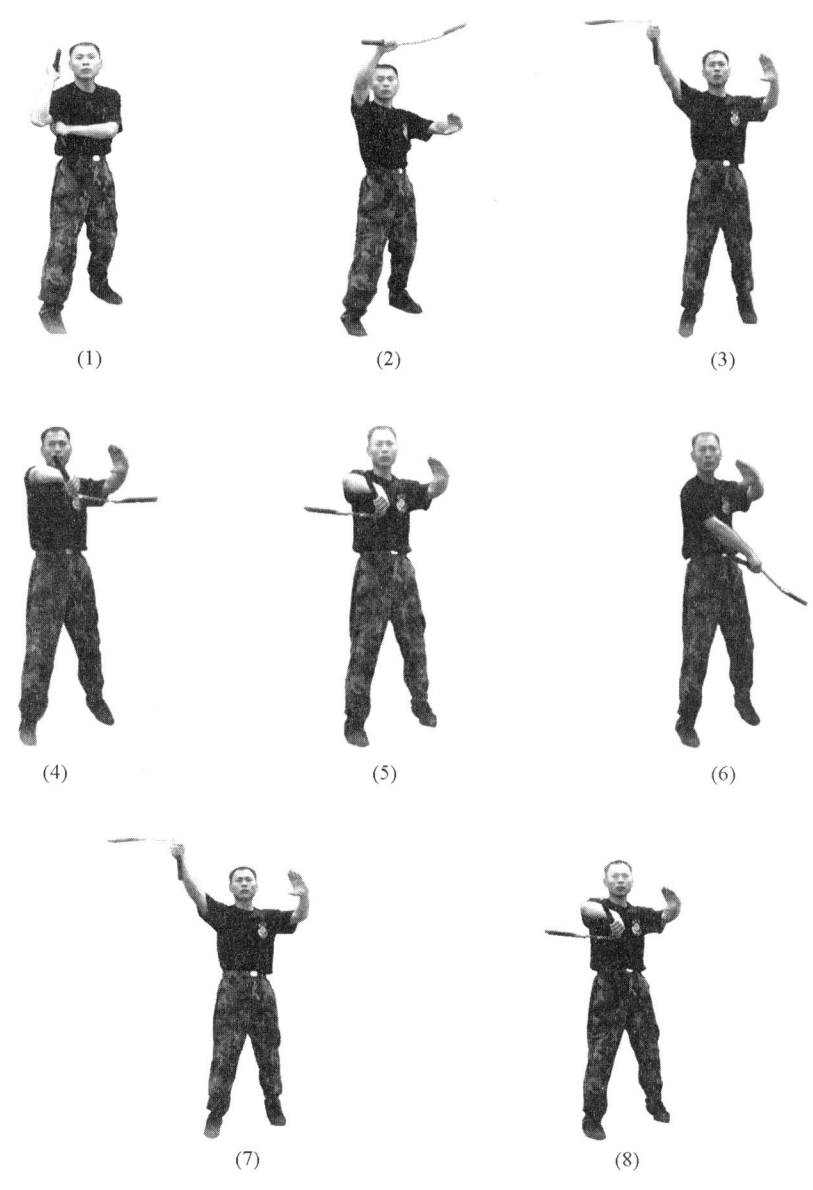

图 4-40 佛光照顶

实用近距离擒敌格斗

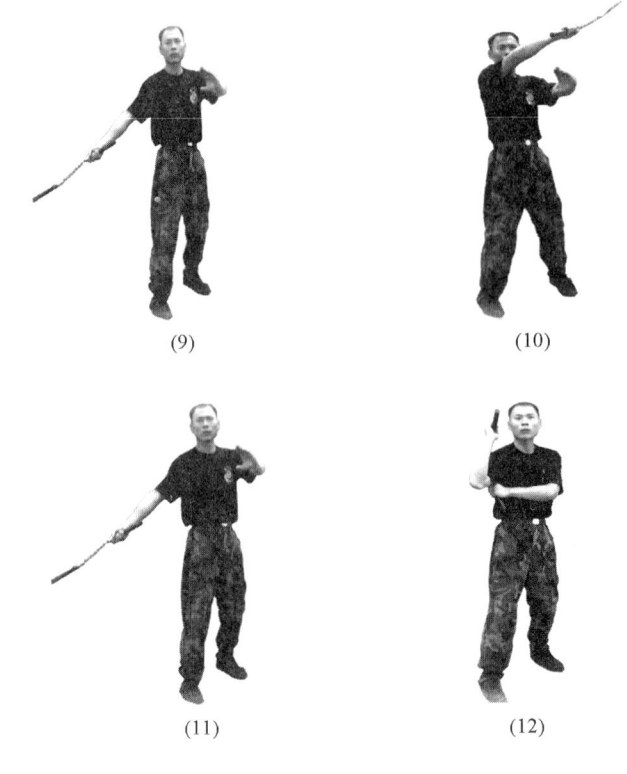

图 4－40 （续）

十五、一身鸿运

[预备式] 两脚平行站立，右腋夹棍，如图 4－41（1）所示。

[动作要领]

（1）右手向左侧横扫棍。

（2）向右后扫棍，同时左手接棍，如图 4－41（2）、（3）所示。

（3）左手向右侧扫棍，如图 4－41（4）所示。

（4）接着左手向左后扫棍，同时右手接棍，如图 4－41（5）、（6）所示。

（5）右手上挥棍至右大臂上，如图 4－41（7）所示。

（6）向左下方猛力劈棍，如图 4－41（8）所示。

（7）左手接握棍，然后将其挥至左大臂上，如图 4－41（9）所示。

（8）向正前方劈击，并收于左腋下。

[目的] 通过劈棍和扫棍的练习，加强手腕的灵活性和双手接棍的能力。

图4-41 一身鸿运

十六、翻江倒海

[预备式] 右脚在前，实战步站立，成右苏秦背剑式，如图4-42（1）所示。

[动作要领]

(1) 右手将棍向左侧顺时针旋转一圈，如图4-42（2）所示。
(2) 接着将棍向右侧逆时针旋转一圈，如图4-42（3）所示。
(3) 顺势将棍往下打，如图4-42（4）所示。
(4) 右手手腕上挑，将棍的另一侧由下至上弹到左手手中。
(5) 双手将棍举起，然后右手将棍向左下方猛力斜劈，如图4-42（5）、（6）所示。
(6) 右手抖手腕，由下至上将棍旋转两圈收于右大臂上，如图4-42（7）所示。
(7) 接着右手持棍向下打右腋下，如图4-42（8）所示。
(8) 收棍成右苏秦背剑式，如图4-42（9）所示。

[目的] 通过控棍练习，增强对棍的控制能力。

(1)　　　　　　　　(2)　　　　　　　　(3)

图4-42　翻江倒海

第四章 双节棍实用棍术

图4-42 （续）

第四节 实用双节棍术

［预备姿势］立正姿势，双节棍并棍斜插于后右腰际腰带处，如图4-43所示。

［攻防用途］携带隐蔽，便于出手。

［起势］在预备姿势的基础上，听到"双节棍"的口令后，迅速向右摆头，脚尖靠拢，目视右腰际，同时双手合力拍握双节棍。听到"准备"时，双手协力拔棍，同时身体向左出左脚成虚步，双手横棍前推约与胸同高，目视前方，如图4-44所示。

[攻防用途] 这是实用双节棍套路亮相的动作，表演过程中主要强调动作的到位和整齐。

图4-43 预备姿势

图4-44 起势

一、第一势：仙人指路

[动作要领] 左右手合棍交于右手，身体重心前移，右脚上步。劲注右手，以拇指及手掌内缘夹紧下方的棍，以阳劲猛地将叠在上方的棍向前水平射出，力达棍端。力到末梢后顺势向前下转棍，风火轮三周，收棍于右腋下。此时，左手成立掌护身，身体略左转侧面向前，略成右虚步。（见图4-45）

[攻防用途] 此势主要用于趁敌不备或敌疏于面部防御时，对其脸、头、眼等部位实施打击，达到出其不意重创敌人的效果。

图4-45 仙人指路

二、第二势：白蛇吐信

[动作要领] 右脚向前连续两次上步，上步瞬间松开腋窝，手臂前伸，右腕迅速发劲，将棍向左下方和右下方猛力劈打。利用臂腕的力量，拉棍回右臂，左手接握棍于右腋下，成实战步。（见图4-46）

图 4-46 白蛇吐信

［攻防用途］此势是极为实用的招式。实战中可用于攻击敌人的头、面、肩、下颚、胸及下阴等部位，且速度快、力量足，较难被敌方破解。

三、第三势：横扫顶膝

［动作要领］松开左手棍，身体迅速向左蹬转成左弓步，右手带棍向左猛力横扫，左手于身体左侧接棍，双手横棍置于左大腿处。此时棍身水平，略与腿部成十字。向右蹬转成右弓步时，双手横棍向前上方格挡，顺势起左脚蹬地顶膝。（见图4-47）

图 4-47 横扫顶膝

[攻防用途]此势扫棍动作用于横向的扫击,力达棍端,主要击打敌人的面颊、太阳穴等部位。顶膝用于近身格斗中,根据实战情况用棍链格挡敌下劈动作,然后起膝反击其腰腹部,或是用棍链迅速挂住对方颈部下拉后顶膝,达到重创敌人的目的。

四、第四势:转身劈棍

[动作要领]左脚稍向右前落步,身体迅速向右转身,右脚落步同时右手握棍正直向下劈打。力到末端,手腕将棍上挑,左手背后接棍成苏秦背剑式。此时为实战步。(见图4-48)

[攻防用途]此势通过身形突然变化,迅速对敌人进行攻击。劈打正直向下,击打部位主要是头、肩等或是持械待发的手部。

图4-48 转身劈棍

五、第五势:架棍正蹬

[动作要领]左脚向左前上步成跪步时,身体重心迅速下潜,右手握棍由右向左猛力扫击敌人腿部。左手于身侧接棍后起身向上架棍格挡,保护头部。同时起右脚正蹬。(见图4-49)

[攻防用途]此势在实战中用棍击打敌人膝盖以下的腿部,使敌瞬间丧失战斗力。当敌躲闪反击时,架棍防守,并用正蹬腿猛击敌胸腹部。

第四章 双节棍实用棍术

图 4-49 架棍正蹬

六、第六势：翻山越岭

［动作要领］正蹬后右脚向前上步落脚，同时右手棍向下劈打。力尽后将棍上挑至右臂，左手从右腋下接握另一棍端。随后左脚向前上一大步，同时左手棍从下至上撩棍后收于左臂处，右手于左腋下接握棍端。身体向右蹬转成马步的同时，右手棍由腰间向右后方横扫，手腕转动发力，左手于身后接握棍端。此时，棍横置于背后，身体面向右侧成马步藏棍式。（见图4-50）

图 4-50 翻山越岭

［攻防用途］此势主要由下劈、上撩和横扫等三个常用击打动作组成，通过步法的配合，对敌进行连续、多方向、多部位的攻击，达到令敌防不胜防的攻击效果。

七、第七势：雪花盖顶

［动作要领］右脚蹬地向前上步后，右手挥棍在头顶作逆时针平圆旋转三周，顺力从上向左下扫击，左手于左腰际接棍（同第三势第一动作）。此时，

双手横棍于身体左侧大腿处，成马步。(见图4-51)

［攻防用途］此势主要用于保护头部并伺机出击，打击敌太阳穴、脸颊等部位。

图4-51 雪花盖顶

八、第八势：接棍侧踹

［动作要领］左手交棍给右手的同时，左脚向右垫步，右脚侧踹。右脚落步后向左转身，左手握拳右手握棍，拉开成格斗预备式。(见图4-52)

［攻防用途］此势是在实战中棍法和腿法的综合运用，以最佳的击打方式攻击敌人。

图4-52 接棍侧踹

九、第九势：直拳插棍

［动作要领］左脚上小步左刺拳后，身体借向左蹬转的力量，右手握棍，用双节棍的棍端向左下方斜插。此时，左手拳护头，右手握棍略斜，成实战

步。(见图4-53)

[攻防用途] 此势主要用于近身格斗中,用单(重叠)棍棍端对敌人肋部、腰部猛力插击。充分发挥单棍灵活、简练、突然和多变的技术特点,从而快速制服敌人。

图4-53 直拳插棍

十、第十势:拨打撩棍

[动作要领] 右手向下快速翻腕拨打,右脚向前上步同时向左上撩棍,接向右下劈棍,收棍于右腋下。此时左手八字掌下按置于胸前,身体略向右成马步。(见图4-54)

图4-54 拨打撩棍

[攻防用途] 此势主要针对持械敌人从下方的直刺、斜刺、挑刺等攻击动作进行截击,主要击打部位是敌持械手腕、手臂。如果敌人借助身法、步法进行闪躲,则迅速上步配合连续的撩、劈等动作,达到最终制服敌人的目的。

十一、第十一势：反击鞭腿

[动作要领] 右手棍自腋下向右上挡击后在头上作顺时针旋转一周，收棍于右腋下。向右转身，起左脚鞭腿，迅速落步。此时，左手握拳成实战步姿势。（见图4-55）

[攻防用途] 此势主要用于在敌人由上至下持械攻击我头部、肩部时，将棍旋转拨挡敌人来袭。动作幅度小、速度快，易于连接反击动作。挡击后迅速起鞭腿，可以根据实战对敌腿、腰和头等部位进行重击。这是典型的防守反击动作组合。

图4-55 反击鞭腿

十二、第十二势：马步劈棍

[动作要领] 右脚连续两次上步，配合步法近身劈打敌人头部。身体向左蹬转成马步的同时，右手棍向左上方45度横扫，左手接握棍。此时，两手于胸前横握棍，肘关节微曲，右手略低，目视右方，成马步。（见图4-56）

图4-56 马步劈棍

［攻防用途］此势是劈辊、扫棍动作的小组合，主要用于近身后的连续击打，不给敌人喘息的机会，利用易于连接、便于发力的特点，给敌以猛击。

十三、第十三势：跪步上挑

［动作要领］右手棍迅速侧身向下劈打，接左脚上步的同时向左上扫棍，左手于胸前格挡，右脚向右前闪身，翻腕将棍上挑，左手横掌下按，略侧身成跪步。（见图 4-57）

图 4-57　跪步上挑

［攻防用途］此势是在和步法紧密结合的基础上，根据敌人攻击灵活应用步法和身形躲闪，同时进行防守反击。上挑棍主要是运用棍梢对敌下颌等部位进行击打。

十四、第十四势：立棍格挡

［动作要领］右脚蹬地起身，左脚向前上步，同时右手向右腋下送棍，左手肩上接棍。右脚向右前方撤步，右手握棍猛力向右下扫击。向左拉回左手接握，身体向右蹬转成弓步时，右手上翻约与眼同高，左手在下，迅速成立棍向外格挡。（见图 4-58）

［攻防用途］此势为基本的防守动作，利用双节棍中部的棍链对敌来袭进行向上或向外的格挡防守。注意攻击动作的虚实结合、攻击与防守的结合，以及格挡动作的速度和力度。

图 4-58 立棍格挡

十五、第十五势：横打斜劈

[动作要领] 左脚迅速向左前上步，右手握棍，用棍梢向左猛击敌头部。右脚跟进上步，右手棍向右猛力劈打。力尽后将棍回拉，上撩于头顶反转一圈后收棍于右腋下。此时，左手于胸前八字横掌，侧身成马步。（见图4-59）

[攻防用途] 此势主要是在近身格斗中，当双节棍不能及时展开时应用。握棍用棍梢对敌人的头部、脸部和下颌等部位进行击打。应注意利用蹬地转腰的力量，快速猛击，达到重创敌人的效果。

图 4-59 横打斜劈

十六、第十六势：神龙摆尾

［动作要领］身体左转，右手棍直接从腋下向左撩棍后迅速回拉至身后。此时翻腕将棍由下带回身前，巧力拉回收握棍于右手护腮，同时左手横掌稍下按，成马步。（见图4-60）

［攻防用途］此势用于对身侧敌人的裆部进行撩击，强调手腕对棍的灵活控制、身形的躲闪及棍的收放自如。

图4-60 神龙摆尾

［收势］身体重心左移，右手握棍，左手握拳，同时收于腰间。靠脚放手成立正姿势。（见图4-61）

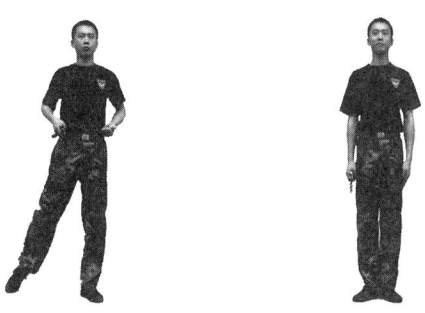

图4-61 收势

第五节　双节棍教学方法

一、双节棍的特点和意义

双节棍是以劈、击、扫、挑、撩、拦、盖、架八种技术动作为基本方法，以两人互为对手，按进攻、防守、还击、反击等规律进行对抗性的运动。由于它具有对抗性的特点，因此，对培养练习者勇敢、机智、灵活、沉着、果断等意志品质，掌握克敌制胜的本领，有着积极的意义。

二、教学步骤与方法

（一）基本技术教学方法

1. 预备姿势

（1）练习步骤

两脚前后开立，单手或双手持棍式，成预备姿势。

（2）易犯错误动作和纠正方法

①两脚开立过大。

纠正方法：强调两脚距离约与肩同宽，便于练习前进、后退、进攻和防守的目的。

②躯干暴露面太大。

纠正方法：上左（右）脚时，上体要稍微向右（左）转，侧面向对方，收腹含胸，目视对方，尽量缩小躯干正面暴露部位。

2. 步法

步法主要有上步、滑步、疾步、垫步、撤步、侧步、回绕右侧、回绕左侧、旋马等。它是为了配合各种双节棍击法而前进、后退、闪躲，以击打对方、防止对方反击的向八个方向移动身体的运动方法。它是寻找与对方保持最适合的距离，使自己处于最有利的位置，置对方于不利位置，以达到击打对方的目的的脚步移动技术。俗话说"步不到，不出招""步不稳则拳乱，步不快则拳慢",都说明了步法的重要性。因此,必须根据进攻和防守需要,灵活运用各种步法。

双节棍步法并不复杂,但在实战中要灵活应用并不容易。俗话说:"先看一步走,再看腿和手"。因此,学习格斗技术,首先要从步法学起,注重步法应用,提高格斗技术。

(1) 练习步骤

①讲解和示范。

②讲解动作要领和要求。

③讲解和示范可同时进行,即边示范边讲解,示范到哪里,讲解到哪里。

(2) 口令指挥,集体操练

①听口令做单个步法练习。如上步、撤步等。可一个口令做一个单个步法练习,或一个口令重复做多次。

②一个口令做两个不同的步法练习。如口令1,做上步、撤步,口令2,做左侧步、右侧步等。

③把几个不同的步法组合成一组练习。如把上步、撤步、左右侧步、垫步固定为一组,按口令进行练习。

④两人一组,配合练习。如一人上步,另一人同时做撤步,一人做右侧步,一人同时做左侧步,提高步法灵活性和反应能力。

⑤步法结合棍法练习。如上步劈棍、撤步撩棍等。

(3) 易犯错误动作纠正方法

①动作缓慢,移动不灵活。

纠正方法:预备姿势要正确,两腿略微屈,重心在两腿之间,移动时要强调用后腿前脚掌的蹬力。

②重心不稳,身体不平衡。

纠正方法:上体要随步法的移动而移动,始终保持预备姿势状态,维持身体平衡。

3. 棍法

棍法练习是以击打目标为主的练习,要求动作快速、有力、准确。棍法主要有劈、击、扫、挑、撩、拦、盖、架等。不同的棍法有不同的技术要求。

(1) 练习方法和步骤

①一般按劈、击、扫、挑、撩的顺序进行。

②讲解和示范。

讲解:主要讲解动作要领、击打的方法和部位。

示范：示范动作要准确、形象、逼真，要有快、有慢。讲解和示范可结合起来，边示范边讲解。

③个人原地体会：由慢到快体会动作要领和运动路线。如劈棍，先体会劈棍的动作要领和方法，再体会加力劈棍动作。

④口令指挥，集体训练。

集体操练时，开始口令的节拍要稍慢，以便观察动作、发现问题，及时纠正。如口令："劈棍练习，1、2、3、4……"等，操练者随着口令节拍进行练习。

⑤分班操练。

分班操练时，要交代任务和方法，提出要求，由教练指挥。也可分为二人一组，相互观摩，互相纠正。

⑥结合步法练习。

如上步劈棍、撩棍，棍法结合步法练习，可提高动作的协调性和灵活性。

⑦诱导性练习。

棍法多种多样，击打的部位也不同，因此，要有目的地进行诱导练习，使棍击打熟练、准确、有力。如：二人一组，诱导者拿木块丢于空中，练习者在木块落地前开始击打目标。随着动作熟练，可不断改变引导物体的抛出方向，还可根据不同棍法要求，击打不同大小的物体，提高准确性和反应能力。此外，用不同的棍法击打沙袋，体会发力和增强击打的力量。

（2）易犯错误动作和纠正方法

①劈棍动作不协调，击打无力。

纠正方法：由慢到快，逐步加力，体会棍运动路线，肌肉放松，用蹬腿、挥臂的合力将棍击出。

②劈棍时上体前倾过大。

纠正方法：击打目标不要太远，用力不要太猛，出棍前后基本保持预备姿势。

③击棍幅度过大，动作太慢。

纠正方法：用正误对比方法，先用慢动作示范击棍正确动作，再模仿错误动作，然后对比击棍运动的路线，棍走的路线长，动作就慢。

④击棍力不到位，重心不稳。

纠正方法：击打时垫步不要太大，上体适当跟上，不要击打太远的目标，利用蹬地转腰的力量将棍击出。

⑤扫棍下潜速度慢。

纠正方法：扫棍用于攻击敌人腰部以下，注重下潜速度，加强步法练习可提高协调能力，以加快下潜速度。

⑥扫棍攻击部位不准确。

纠正方法：下潜后确定自己所处的位置，增强方位感，提高攻击准确性。

⑦挑棍无力。

纠正方法：由慢到快，体会动作要领，由不用力逐步过渡到用力，强调蹬地、扭腰、转体合力将棍击出。

⑧挑棍速度过慢或重心不稳。

纠正方法：挑棍的弧度过大会影响挑棍的速度。挑棍时，控制好蹬地转、转腰的力量，控制好重心。

⑨撩棍动作要领和挑棍相似，纠正方法参照挑棍。

（二）攻防和实战教学方法

1. 攻防教学方法

攻防练习是二人互为对手，即一方用各种拳法、腿法进攻，一方用棍并利用各种方法防守。

（1）棍的防守练习

防守方法是防守技术中最基本的技能，必须学会和掌握防守技术，以免遭到对方的击打。防守是为了反击，良好的防守能力可为有效的反击创造有利条件。棍的防守主要包括拦、盖、架等。

1）练习步骤

各个防守方法逐个进行。

①讲解和示范。

讲解动作名称和运动要领。慢动作和快动作分别示范，用慢动作边示范边讲解，使操练者加深理解动作要领。

②个人原地体会。主要是领会和理解动作要领。此时教练要辅导，发现问题及时纠正。

③口令指挥，集体操练。边做边喊口令，如："架挡，1、2、3、4……"操练者模仿教练的动作，按一个口令做一次动作。口令由慢到快，动作由不用力过渡到用力。

④只用口令指挥，组织操练。如："拦棍，1、2、3、4……"操练者按口令做动作。

⑤结合步法练习防法。当下达"前进步架棍防""侧步拦棍防"的口令时，操练者按照口令知识内容操练。

⑥把几个不同的防法编为一组练习，如把架棍防、盖棍防等编为一组，反复练习。

⑦分班操练及个人体会。分班操练由教练指挥，充分发挥各班组织的积极性和主观能动性，达到互教互学的作用和巩固提高的目的。

2）易犯错误动作和纠正方法

动作僵硬、不协调。

纠正方法：先由慢动作开始，逐步加快体会动作要领。从不用力过渡到用力。主要是个人多体会，反复练习。

（2）攻防练习

当掌握好单练防守动作后，再进行两人互为对手的攻防练习。攻防练习是教学重点之一，必须练好。

1）练习步骤

培养好骨干，正确做好两人攻防练习的示范。获得直观感性认识。

①讲解攻防练习动作要领。讲解攻防练习时二人如何配合及双方配合的要求。

②原地甲、乙两人互为对手攻防练习。如："甲左直拳，乙拦防""甲弹踢，乙盖防"等。配合练习时，先要对甲、乙两人提出不同的要求，交代清楚使用哪种攻与哪种防的动作，然后用口令指挥，集体操练。也可由甲、乙两人自行决定，进行攻防配合练习。

③结合步法练习攻防。采用二或四列横队练习队形，一列与二列面相对，三列与四列面相对，并保持一定间隔，一、三列为甲方，二、四列为乙方。练习时下达"甲方进步左直拳，乙方后腿拦防""甲方左鞭腿，乙方右侧拦防"等口令。教练边指挥操练，边观察动作，发现问题，及时纠正。

2）易犯错误动作和纠正方法

①乱打、乱防。

纠正方法：集体操练时，开始口令要慢，要有节奏，动作慢，强调互相配合，交代清楚使用的攻防动作，使双方心中有数。

②防守动作过大。

纠正方法：多做徒手防守练习，强调动作规范化，克服因过度用力或紧张情绪造成的错误动作。

③动作慢、防不开。

纠正方法：要加强反应性练习，如两人配合多做防守动作。此外，注意力要集中，判断要准确、动作要熟练果断，增强信心。

④动作不协调、力量过大。

纠正方法：开始时慢动作反复练习，并由不用力逐步过渡到用力。强调相互密切配合，用力适当，防止急躁情绪和蛮干。

（3）组合练习

把各个动作组合成小套路进行练习，提高动作协调性、连贯性、灵活性，从而达到棍法准确有力、熟练，提高反应能力，为实战练习打下良好的基础。

1）练习步骤

①示范和讲解。分别用慢动作和正常速度动作示范小套路，并重点讲解套路中各个动作的衔接关系、要领和要求。

②个体领做，关键是掌握套路。领做是掌握套路最有效的方法。开始领做时，可边讲边做，讲动作名称和主要动作要领，加强记忆。

③个别体会。个别体会可以加深理解，加强记忆，解决自己的难点和错误动作，此时教练应及时指导和纠正错、漏动作。

④口令指挥，集体操练。教练用口令指挥操练，有助于动作规范、整齐，纠正带普遍性的错误动作。口令指挥，可一个口令一个动作，这样便于纠正错误动作，也可一个口令做整个套路动作。如下达"预备——开始!"的口令，练习者做整个套路练习。

2）易犯错误动作和纠正

套路不连贯，动作不协调。

纠正方法：要由慢到快体会动作要领，熟悉套路，并讲清整个动作的技击含义，让练习者了解动作之间衔接结构。

2. 实战练习的组织实施及方法

（1）一方进攻，一方防守。

（2）一方限用一种或几种方法进攻，另一方防守。如：一方只用直拳进攻，另一方防守；一方用各种腿法进攻，另一方防守。

实战练习必须在教练指导下按要求进行，若不具备实战条件如训练时数太少、基本技术太差、没有护具或其他防护器材等情况下，切不可进行实战练习。

第五章　格斗训练防护

在格斗训练中，由于双方身体条件、心理状态、技术水平等方面的差异，不可避免地会对身体造成损伤。运动损伤一旦发生，轻则会影响我们一段时间内的日常生活、学习和训练，重则导致终身残疾甚至死亡。大部分运动性伤病可以通过相应的措施来预防，即使发生后也可通过合理的措施来急救，为进一步治疗创造机会。因此，掌握运动损伤的预防和急救知识对于格斗训练和实战具有重要意义。

一、头部创伤

（一）原因

头部创伤是最严重的创伤，正确的救护和治疗有重大意义。在格斗中，当被击打到鼻梁、太阳穴，或击昏后摔倒而头部撞击地面时，由于大脑神经细胞和神经纤维受到强烈的外力震荡会引起人的意识和机能暂时障碍。

（二）症状

头部创伤的典型症状是突然神志昏迷，皮肤苍白，脉搏细弱，呼吸缓慢，肌肉松弛，瞳孔放大对称，并可能伴有呕吐等症状。清醒后，伤员有逆行性健忘症，即忘记与外伤有关的事情，并有不同程度的头昏、头痛、恶心等。头部创伤较轻时，脑组织无明显的病理解剖变化，昏迷时间不超过半小时，清醒后可有头痛、头昏、耳鸣等症状，但昏迷的时间越长，伤情越重。头部创伤较重时，心脏及呼吸活动渐渐衰竭，出现尿便失禁，也可能死亡。

（三）急救

急救时，应使伤员平卧位、安静，冷敷头部，并使其身体保暖。还应注意观察伤员的表情，对神志不清者可刺激人中、百会等穴使其苏醒，对呼吸发生障碍的伤员，可进行人工呼吸。对重伤员必须将其置于担架上运至医院，伤员取仰卧位，头部两侧用衣物垫起固定，搬运时应避免颠簸震动。要绝对保持安静，对无严重征象、短时间内意识恢复的轻伤员，也要尽可能使其仰卧送回房间内休息。一般应卧床休息至症状（头痛、头晕等）完全消除，但不宜过早参加格斗训练或比赛，否则会留下头痛后遗症。

（四）能否恢复训练

由于脑震荡可与颅内血肿或挫伤等并存，脑挫伤时除有上述脑震荡所特有的症状以外，还可能有其他症状：在创伤的对侧出现肌肉痉挛、麻痹和各种感觉障碍。这时主要采用保守疗法，至少需要 20 日的卧床休息。因此，在参加格斗训练时，应掌握每名训练者的身体状态，凡有任何头部创伤，只要伴有意识丧失，即使很短暂也必须住院治疗。痊愈后，可用"闭目举臂单腿站立平衡试验"来决定其是否可以进行训练，能保持平衡后，才能参加训练。

二、鼻出血

由于鼻黏膜有丰富的血管分布在那里，因此是容易出血的部位。

（一）原因

鼻出血的原因有：
（1）鼻子受到直接打击。
（2）可能有头部损伤。
（3）高血压。
（4）鼻道干燥。

（二）症状和体征

鼻出血的同时可伴有疼痛，也可能出现畸形或其他损伤。

（三）急救

（1）让伤者头向前伸并坐下。
（2）用手指夹住鼻孔直接加压。
（3）如果要止血，可以用冰块在鼻梁上冷敷。
（4）如果流血不止超过 30 分钟或者是由其他损伤所致（如骨折），需送伤者去医院。

（四）能否恢复训练

鼻出血是格斗训练中最常见的一种小创伤。鼻出血后，应采取相应方法止血，鼻子出血不多的话，可以休息观察1~2日之后可参加训练。若是鼻子骨折移位，则需要及时止血并进行复位治疗，两个月内不能进行格斗比赛或实战练习。

三、脊柱受伤

脊柱是人体的栋梁，不仅承托头部，支持躯干，且支持四肢，更保护中枢神经——脊髓。对脊柱的打击，不仅会使身体平衡失控，而且会损伤构成脊柱的结构，甚至损伤脊髓。

（一）原因

脊柱受打击方式主要是腿击（见图5-1）。当脊髓的某一髓节遭受震荡、挤压、挫伤而损毁时，人突然失去了大脑的控制，于是损伤平面以下脊髓的感觉、运动以及反射等所有活动都处于无应答状态，这个病理过程称为脊髓休克。

图5-1 对脊柱的打击

（二）症状

脊柱受伤时，脚趾、足部、手指或手会感觉麻木。检查方法是让伤员说出你正在触摸的位置。此外，脊柱附近会感到疼痛。

（三）体征

（1）无法活动脚趾或手指。
（2）让伤员用力握你的手，两手力量相差明显。
（3）脊柱附近肌肉痉挛。

（四）急救

如果出现身体活动障碍、力量明显减弱情况，或者怀疑有脊柱骨折时：
（1）应立即找急救人员。
（2）固定伤员的头部和脊柱。
（3）对意识丧失的伤员，注意检查呼吸和心跳，在必要时进行人工呼吸或心肺复苏（打开气道时采用抬下巴的方法）。
（4）抑制过度换气。
（5）需要时处理休克。
（6）止血。
（7）固定骨折、关节脱位、扭伤或拉伤。

（五）能否恢复训练

脊髓震荡导致的伤害平面以下部位迟缓型瘫痪一般可以在数小时内恢复；而脊髓休克则比较严重，可能持续数周，需要接受手术和康复训练，才能恢复部分运动功能。

四、脾脏破裂

（一）原因

脾在左腋中线第 9~11 肋骨的深面。（见图 5-2）
腹部在胃的下方。该部位的前后受到撞击都可能导致脾脏损伤（见图 5-3）。脾脏组织受到撞击后可导致严重的内出血。

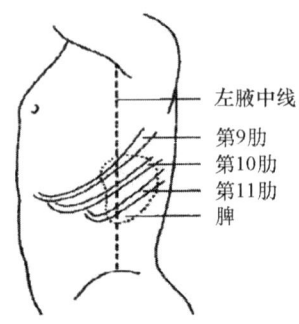

图 5-2 脾脏位置

图 5-3 对腹部的打击

（二）症状

脾脏受损后，开始时感到左上腹疼痛，而后疼痛会向左肩部和颈部放射，并感到头晕乏力。

（三）体征

开始时在左上腹会有明显压痛，或在损伤部位出现擦伤或挫伤，进而脸色苍白、脉搏加快，并可能出现呕吐、腹肌紧张、低血压和呼吸短促的症状。

（四）急救

（1）如果出现的症状持续超过数分钟，并且症状有加重的趋势时，应去找急救人员。

（2）注意观察伤员的气道、呼吸和循环情况，在必要时进行人工呼吸和心肺复苏。

(3) 处理休克。

(4) 处理其他损伤，如肋骨骨折。

（五）能否恢复训练

即使伤员的症状不明显，在没有经过医生检查同意之前，不能让伤员恢复训练。脾脏挫伤的伤员在其挫伤完全恢复前参加训练，他的脾脏发生破裂的可能性将大大增加。

五、肾挫伤

肾左、右各一，呈"八"字形位于脊柱两侧，上端在第 11、12 胸椎水平，下端在第 2、3 腰椎水平，第 12 肋分别斜跨左肾、右肾后面的中部、上部。在脊柱两旁各有一纵行肌肉，称竖脊肌，其外侧缘与第 12 肋的交角处称肾区。在肾区，肾的后面紧贴腹后壁，位置表浅，为肾的打击点。（见图 5 - 4）

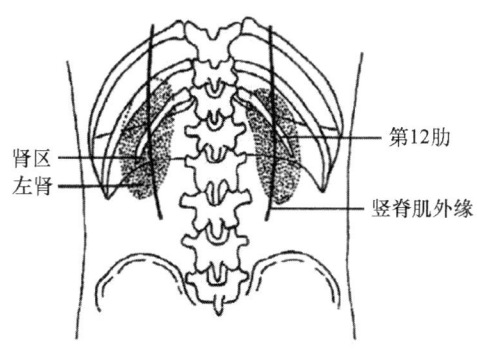

图 5 - 4　肾的位置

（一）原因

肾挫伤往往是因为腰部或腹部受到直接撞击，如图 5 - 5 所示。

（二）症状

开始时，伤员感到被撞部位出现疼痛，然后疼痛可以转移到下腰部、大腿外侧或骨盆的前方。也可出现头晕或乏力。

图 5-5 对肾区的打击

（三）体征

（1）在损伤部位出现瘀血或擦伤。
（2）损伤部位出现压痛、尿频、尿痛、蛋白尿、血尿、损伤部位肌肉紧张。
（3）面色苍白。

（四）急救

（1）上述症状持续出现，并且症状有加重的趋势时，应立即去找急救人员。
（2）注意观察伤员的呼吸情况，在必要时进行人工呼吸和心肺复苏。
（3）处理其他损伤，如肋骨骨折。

（五）能否恢复训练

即使伤员的症状不明显，在没有经过医生检查同意之前，不能让伤员恢复训练。

六、睾丸损伤

（一）原因

当裆部受到直接撞击（见图5-6）时，可造成睾丸损伤。

（二）症状

睾丸损伤后可出现疼痛、恶心等症状。

图 5-6　对裆部的直接打击

（三）体征

(1) 让伤者进行自我检查，看有无肿胀、瘀血和畸形。
(2) 痉挛。

（四）急救

(1) 让伤员取其仰卧位，保持屈膝屈髋体位直到疼痛减轻。
(2) 在损伤区域进行 15 分钟冷敷。如果进行上述处理 20 分钟后疼痛无法缓解，睾丸缩入腹腔或出现血尿或蛋白尿，应送医院处理。

（五）能否恢复训练

在疼痛、肿胀消失前或未经过医生同意，不能恢复训练。

七、肘关节脱位

（一）原因

肘关节脱位的原因有：
(1) 肘部受到直接打击（见图 5-7）。
(2) 摔倒时手撑地。
(3) 反挫肘关节时，肘关节出现严重的扭伤（见图 5-8）。

图 5-7 对肘关节的直接打击

图 5-8 反挫肘关节

（二）症状

前臂和手可能出现麻木和刺痛（神经挫伤）。

（三）体征

(1) 肘关节周围剧烈压痛。
(2) 肘关节处于轻度弯曲位（约 135～150 度）。
(3) 肘关节周围可能有肿胀和畸形。

（四）急救

(1) 对损伤处进行冷敷、加压包扎、抬高伤肢。
(2) 在原位置固定肘关节。
(3) 送往医疗急救援助中心。

（五）能否恢复训练

经医生检查允许，并且肘关节的肌肉力量、关节活动和柔韧性恢复正常后才可以恢复训练。伤员恢复训练时可能需要在肘关节处打绷带保护。

八、前臂骨折

（一）原因

前臂骨折的原因有：
（1）前臂受到直接打击（见图 5-9）。

图 5-9 对前臂的打击

（2）摔倒时手伸直位撑地。

（二）症状

前臂骨折后，症见前臂部位疼痛。

（三）体征

（1）前臂肿胀，可能有畸形。
（2）受伤部位有压痛。

（四）急救

（1）对损伤处进行冷敷、加压包扎、抬高伤肢。
（2）在原位置用夹板固定前臂。

（五）能否恢复训练

（1）经医生检查允许，方可参加训练。
（2）伤员恢复运动时可能需要在手臂处打绷带保护。

九、大腿挫伤

（一）原因

大腿受到直接打击或撞击（见图 5－10）时，会导致大腿挫伤。

图 5－10　对大腿的打击

（二）症状

挫伤部位疼痛、压痛。

（三）体征

（1）可能发生肌肉痉挛。
（2）可能有肿胀。
（3）活动受限。

（四）急救

（1）对损伤处进行冷敷、加压包扎、抬高伤肢。
（2）注意损伤部位的肿胀程度，如果肿胀明显、疼痛和运动障碍严重，固定整条腿和髋部，送往医院处理。

（五）能否恢复训练

在疼痛、肿胀消失前或未经医生同意，不能恢复训练。

十、小腿挫伤

（一）原因

小腿受到直接打击或撞击（见图5-11）时，会导致小腿挫伤。

图5-11　对小腿的打击

（二）症状

（1）挫伤部位有疼痛感。
（2）如果肿胀压迫到足部的血管和神经，可能出现麻木和刺痛。

（三）体征

（1）可能不能屈膝或足背伸。
（2）肿胀和瘀血。

（四）急救

（1）如果疼痛或运动障碍严重时，禁止伤者用伤肢走路，应送往医院处理。
（2）如果小腿骨严重挫伤，用夹板固定小腿和膝关节。
（3）注意足背上有无麻木区域，如有要尽快送医院进行处理。

（五）能否恢复训练

在疼痛、肿胀消失前或未经医生同意，不能恢复训练。

十一、踝关节扭伤

内翻位扭伤时，会损伤踝关节外侧韧带，有时候同时伤到内侧韧带，这是踝关节扭伤中最常见的情况；外翻位扭伤时，会损伤踝关节内侧韧带，有时候同时伤到外侧韧带。

（一）原因

踝关节扭伤的原因有：
(1) 落地不稳。
(2) 踝关节受到直接打击（见图 5-12）。

图 5-12 踝关节反挫

（二）症状

踝关节内侧或外侧有疼痛感。

（三）体征

(1) 肿胀。
(2) 瘀血。
(3) 强迫内翻试验阳性；踝关节抽屉试验阳性。

（四）损伤分级

轻度撕裂：轻度疼痛，肿胀，没有关节不稳。

部分撕裂：中度到重度疼痛，明显肿胀，轻度关节不稳，活动受限。

韧带撕裂：关节不稳，开始疼痛剧烈而后减轻，明显肿胀。

（五）急救

（1）进行 PRICE（保护、休息、冰敷、加压、抬高）处理。

（2）如果疼痛、肿胀和运动障碍严重，禁止伤者用伤肢走路，固定踝关节，送伤者去医院或急救医疗机构。

（六）能否恢复训练

（1）只有经医生检查允许，并且踝关节的力量、运动和柔韧性恢复正常后，伤者才可以恢复运动。

（2）伤者恢复运动时，应该打绷带或戴护膝。

十二、指腕关节的挫伤和掌骨的骨折

（一）原因

在与对手击打或在打沙袋练习时，最容易发生第一指骨、腕骨和掌指关节的挫伤和掌骨的骨折，其原因往往是手指包缠绷带的方法和拳击技术不正确。并且，几乎都是因为在出摆拳击打时，没有用拳峰击打对手，而是把拇指掌关节当作击打对手的着力点，故造成第一掌骨骨折。

（二）症状和体征

轻者局部仅有疼痛、压痛、肿胀、功能障碍；重者可因皮下出血形成血肿，疼痛和功能障碍都较明显。

（三）防护

教练员必须仔细地注意运动员是否正确地用绷带缠手，其目的在于保护手，使撞力集中，提高击打效果和安全性。缠手时应注意，不要缠得过紧，要使手指有适当的活动余地，缠得过紧反倒容易受伤。但手腕部分可缠得紧些，这有利于用力和防止受伤。

（四）急救

（1）对损伤处进行冷敷、加压、包扎。

（2）在原位置用夹板固定骨折处。

（五）能否恢复训练

对于骨折应立即进行复位并用夹板固定，三周后进行按摩治疗，三个月后开始恢复性训练。另外，要加强对技术的纠正，不断提高技术的规范化和熟练程度。

参 考 文 献

[1] 王琳,张阿力,麻春雁. 运动损伤与急救[M]. 北京:北京体育大学出版社,2006.

[2] 陈金源,谢荣厚. 军警擒拿格斗应用解剖学[M]. 北京:人民军医出版社,2000.

[3] 钱炳祥,刘小斌. 格斗[M]. 长沙:国防科技大学出版社,1999.

[4] 牛海军,朱琳. 南派拳械实战应用[M]. 长沙:国防科技大学出版社,2010.

[5] 魏峰. 世界特种部队高级格斗术与百招精解[M]. 北京:北京体育大学出版社,2008.